VIE

DE

M. CASTELNAU

CURÉ DE SAINT-SÉVERIN

Avec son portrait et une vue de l'emplacement où il repose

PAR

M. L'ABBÉ A. GONDRÉ

VICAIRE A SAINT-SÉVERIN

PARIS

PAUL CHERONNET, LIBRAIRE

19, RUE DES GRANDS-AUGUSTINS

—

1900

M. L'ABBÉ CASTELNAU

NÉ LE 10 MAI 1823, DÉCÉDÉ LE 12 MAI 1900.

VIE
DE
M. CASTELNAU
CURÉ DE SAINT-SÉVERIN

Avec son portrait et une vue de l'emplacement où il repose

PAR

M. L'ABBÉ A. GONDRÉ

VICAIRE A SAINT-SÉVERIN

PARIS

PAUL CHERONNET, LIBRAIRE

19, RUE DES GRANDS-AUGUSTINS

—

1900

AVERTISSEMENT

La *Semaine religieuse* de Paris, datée du 18 mai 1900, quelques jours après la mort édifiante de M. l'abbé Castelnau, publiait un article nécrologique sur la vie bien remplie de ce cher défunt, et s'exprimait en ces termes : « La mort de M. l'abbé Castelnau, curé de Saint-Séverin depuis vingt-cinq ans, plonge sa paroisse dans un réel et profond chagrin. »

Témoin, pendant quatorze ans, de son zèle infatigable et de son dévouement sans bornes ; ému des témoignages d'affectueuse sympathie que ses amis et ses paroissiens lui ont prodigués, nous avons cru répondre à leur désir en publiant cette courte notice, résumé fidèle de ses pensées, de ses leçons et de sa vie.

Ces pages n'ont aucune prétention littéraire.

Tout le mérite de ce modeste récit sera d'être court et fidèle.

Le but de l'auteur serait de reproduire nettement la physionomie de M. l'abbé Castelnau. Il espère ainsi perpétuer le souvenir de celui qui a su faire naître des affections si profondes, provoquer de si amers regrets, et à sa mort faire verser tant de larmes.

En lisant ces lignes tracées à la hâte, ses amis oublieront l'insuffisance de celui qui les a écrites, pour ne tenir compte que de la bonne volonté qui les a inspirées.

Les étrangers, pour qui ces récits seraient nouveaux, ne refuseront pas leur bienveillance à celui qui a tenté par sa plume inhabile, mais dévouée, de contribuer à faire mieux connaître un homme de cœur, fidèle jusqu'au bout, à sa parole, à sa famille et à son Dieu !

A. G.

CHAPITRE PREMIER

SON ENFANCE

Jean-Joseph-Benjamin Castelnau naquit à Montredon (Tarn), le 10 mai 1823, d'une famille distinguée, mais visitée par le malheur.

Son père, qui exerçait les fonctions de juge de paix, et sa pieuse mère jouissaient à Labessonnié, son pays natal, de la plus parfaite considération. Cruellement éprouvés par des revers de fortune qui les avaient condamnés à une situation modeste, comparée à celle du passé, ils avaient conservé l'estime et l'affection de tous. Aujourd'hui encore les survivants rares, et les descendants de cette époque déjà lointaine, sont unanimes à faire l'éloge de ces parents profondément chrétiens.

M. et Mme Castelnau eurent cinq enfants, quatre fils, Benjamin, Frédéric, Oscar et Henri, et une fille Césarine, qui mourut à l'âge de seize ans.

Benjamin (en dépit de son nom) était l'aîné. Élevé par sa mère dans l'amour de Dieu, il conserva pour elle jusque dans sa vieillesse une tendre affection, et n'en parlait jamais sans émotion.

Appelé de bonne heure par la Providence au divin sacerdoce, non seulement il fut prêtre, mais encore il devint le protecteur de ses frères, car il a toujours tendrement aimé sa famille et son pays. Ses lettres nous permettent d'étudier dans son cœur débordant, les sentiments affectueux et tendres qu'il professa pour les siens.

A peine jouit-il d'une situation modeste dans le clergé de Paris, qu'il profite de ses premières relations pour les utiliser en faveur de ses frères. Tous trois avaient fait leurs études primaires à l'école du village et au petit séminaire de Castres. Mais, pour leur ouvrir une carrière, il les fait venir à Paris. Grâce à lui, Frédéric entre à l'Administration des postes. Bientôt il est frappé par la conscription et doit partir pour le service militaire; Oscar son frère qui n'avait pas encore une situation assise, consent à s'enrôler sous les drapeaux, à sa place. Henri, d'abord employé au ministère des finances, plus tard donne sa démission, se marie avec Mlle Miston, et entre ainsi dans le haut commerce des farines.

Il en fut de même pour son frère Oscar, son frère préféré, qui, marié avec Mlle Esnault, entra également dans le commerce des farines. Le bon curé eut la consolation de l'avoir près de lui, car il habitait boulevard Saint-Michel, 5.

Tous les dimanches, les deux frères passaient ensemble la soirée, et souvent dans la semaine se faisaient mutuellement de longues visites. Hélas! la mort, impitoyable bourreau, vint les séparer, car M. Oscar disparaissait le 4 octobre 1888, après une longue et douloureuse maladie.

A tous trois il donna une cordiale et longue hospitalité. Il les reçut chez lui et ils ne le quittèrent que pour se marier.

Leur père mourut en 1858. Son fils l'abbé avait alors trente-cinq ans, mais il fut assez heureux pour conserver sa mère jusqu'en 1878. Elle avait été pour ses enfants dévouée mais sévère. Dès leur plus tendre enfance, elle les avait formés à une vie simple et frugale; jusqu'à la fin M. l'abbé Castelnau mit en pratique les leçons maternelles, et conserva les habitudes de sa première enfance.

Dès qu'il apprit la dernière maladie de sa mère, il accourut auprès d'elle, et ne pouvait se résigner à quitter son chevet.

Ces lignes nous l'apprennent, elles sont écrites par sa belle-sœur à une de ses amies, le 9 juin 1878 : « C'est de Sceaux que je réponds à votre bonne lettre. Il me tardait bien d'avoir de vos nouvelles... Vous avez, sans doute, reçu une lettre de mon frère Benjamin, et vous connaissez les tristes nouvelles de la santé de ma pauvre maman Castelnau. L'abbé, qui devait être de retour pour le samedi matin, veille de la Pentecôte, nous a télégraphié pour nous apprendre que sa pauvre mère s'affaiblissant de jour en jour, lui faisait craindre une fin prochaine, et qu'il prolongeait son séjour auprès d'elle, afin de l'assister dans ses derniers moments. Chaque jour vient nous apprendre l'état dans lequel elle se trouve, et c'est pour nous bien pénible d'être si éloignés, et de ne pouvoir partager les soins qu'il donne à sa chère malade... Vous, mieux que personne, ma chère Elise, vous sentirez la tristesse qui doit accabler le cœur de mon pauvre frère. Que ne m'est-il donné de le consoler ! » (1)

Il aimait si tendrement sa mère, que sa mort fit à son cœur filial une blessure incurable. Ces lignes écrites à une amie par Mme Castelnau Oscar nous le font pressentir : « ... J'avais besoin de vous remercier, et de venir un peu parler avec vous du malheur qui vient de nous frapper. Mon mari en a été très affecté, mais mon frère Benjamin surtout. C'était sa joie que de penser à sa mère, et d'aller la voir plusieurs fois chaque année... La triste cérémonie (du convoi) a dû bien l'accabler... Que n'étions-nous tous là pour pleurer avec lui ! pauvre Benjamin ! » (2)

Lorsqu'il fut nommé curé de Saint-Séverin en 1875, voici en quels termes une de ses belles-sœurs félicitait l'heureuse mère : « Ma bien chère maman — Combien vous devez être heureuse ! Combien nous partageons tous votre joie ! Notre bon Benjamin, notre frère, votre fils est enfin curé, et curé de Saint-Séverin. Voilà donc votre rêve si longtemps caressé, si longtemps désiré et attendu, avec une si vive impatience, le voilà réalisé ! Nous avons tous ici ressenti votre bonheur. Nous en avons été heureux pour lui, pour nous, mais surtout pour vous, chère maman (3). »

Nous comprenons mieux par là combien il aimait les siens, et à quel point il a su s'en faire aimer.

---

(1) Lettre de Mme Oscar Castelnau à Mme Lefèvre.
(2) Lettre de Mme Oscar Castelnau à Mme Lefèvre, 5 juillet 1878.
(3) Lettre de la même à Mme Castelnau mère, 19 février 1875.

Il dut quitter jeune encore le pays natal pour venir seul dans la capitale, mais il laissa là-bas une partie de son âme.

En général il aimait sa patrie, répondant ainsi à cette infâme calomnie des sectaires modernes qui prétendent que les prêtres n'aiment pas leur pays. Ils en ont menti ! J'en prends à témoin ces paroles prononcées par notre cher curé chaque année le jour de la Première Communion. Il conseillait toujours aux jeunes communiants de prier pour la France et voici ses expressions : « Celui-là n'est pas chrétien qui n'aime pas sa patrie. Il n'est pas le disciple de Celui qui pleurait sur Jérusalem, alors qu'elle se préparait à le faire mourir... »

Il aimait son pays natal, les détails suivants nous en fournissent la preuve. En parlant de *sa douce montagne* il trouvait toujours des expressions comme celles-ci : « C'est d'aujourd'hui en quinze le 1er septembre que je quitterai Paris pour prendre le chemin de ma douce montagne... Allez souvent à La Greffoul, on y respire un air si pur » (1).

Et encore il écrivait d'Italie en 1868 : « Malgré les belles choses que j'ai sous les yeux, j'avancerai volontiers mon départ afin de pouvoir passer quelques jours dans ma douce montagne. »

Quand il recevait des provisions de sa métairie, il les réservait le plus souvent pour en faire profiter ses vicaires ou ses amis.

De temps en temps on lui envoyait un poulet de sa

---

(1) Lettre de M. l'abbé Castelnau à sa famille datée du dimanche soir, 18 août.

basse-cour, et avant qu'on fît subir à l'animal le sort qui l'attendait, il touchait les pattes du volatile parce que, pensait-il, elles portaient encore quelques vestiges de la terre du pays.

Souvent il parlait de son métayer satisfait de son sort, honnête jusqu'au scrupule. Il nous a raconté plusieurs fois que ce brave homme avait vendu à un boucher, pour l'abattoir, un de ses bœufs qui avait, pour lui, le grand défaut de tomber dans le sillon, et qu'il avait négligé d'en prévenir l'acquéreur. Mais le bon curé sut très bien rassurer cette conscience délicate à l'excès.

Il aurait cru volontiers que dans son pays les gens avaient plus de qualités que partout ailleurs.

Mais rien n'égale la joie qu'il manifesta en revoyant sa montagne dans une circonstance digne d'être rapportée. En 1894, il relevait d'une longue et très dangereuse maladie. Il se crut perdu. Dieu cependant lui rendit en partie la santé, et pour achever sa convalescence il quitta Bandol, séjour charmant situé sur le bord de la Méditerranée, pour aller passer quelque temps à Labessonnié. Epuisé par les fatigues d'un long voyage, il descend de voiture, se met à genoux devant la statue de N.-D.-de-Bonne-Espérance, et tout en larmes, le cœur débordant de joie, il remercie avec effusion le Bon Dieu qui l'a une fois encore ramené au milieu des siens.

Il nous disait encore avec sa gaieté ordinaire : « Quand Dieu m'aura appelé à lui, je lui demanderai la permission de jeter un regard terrestre seulement de temps en temps sur ma douce montagne. »

Aussi ses intimes savent combien il était heureux, plein

de gaieté et d'entrain pendant les vacances qu'il passait là-bas. Ses lettres nous en révèlent quelque chose. « Hier, écrivait-il à Mme Oscar Castelnau, nous fûmes ensemble, avec ma mère, à La Greffoul. La charpente de la tente azurée (sorte de pavillon mobile en bois construit et dénommé par lui, qu'on dressait en plein champ pour les déjeuners et dîners champêtres), la charpente de la tente azurée est dressée ; mais j'attends un temps plus favorable pour l'inaugurer... Le soir, il faudra se mettre en frais... Nous serons seize à dix-huit personnes... Je réserve à votre père les excursions les plus pittoresques. Même après un voyage aux Pyrénées, notre pays n'est pas sans quelque intérêt. Il offre le grand avantage que, même après de grosses pluies, l'orage passé, la promenade est charmante, jamais de boue, jamais de poussière, toujours un ciel ouvert et des vues ravissantes, et puis du gibier » (1).

Laissons ce pays enchanteur qu'il a dû quitter bien jeune pour répondre à l'appel de Dieu, et venir à Paris suivre le cours de ses études ecclésiastiques.

---

(1) Lettre de M. l'abbé Castelnau à Mme Oscar Castelnau, 5 août.

CHAPITRE II

SON ÉDUCATION

M. Castelnau connaissait à Paris une personne qui lui indiqua le petit séminaire de Saint-Nicolas, où son fils aîné pourrait faire de solides études. Sous l'habile direction de Mgr Dupanloup, cette maison avait obtenu un succès inouï. Les élèves y étaient nombreux, et les études, très fortes. La réputation universelle du directeur, devenu célèbre en politique comme en religion, attira une véritable pléiade de jeunes gens. Ceux qui portaient les plus grands noms fraternisaient avec les enfants qui appartenaient aux familles les plus modestes.

Dans ce milieu actif et laborieux, le maître éducateur fit un bien immense. Les anciens ont conservé le souvenir des luttes acharnées auxquelles se livraient les élèves dans leurs compositions hebdomadaires et la récitation de la grammaire latine de Lhomond. C'est alors que le supérieur lui-même voulut composer en vers latins, avec les élèves, et ne fut pas le premier.

M. l'abbé Millaud, mort curé de Saint-Roch, était alors directeur du petit séminaire, et, au dire de ses condisciples, le jeune Benjamin était son préféré. Il fut nommé réglementaire, fonction qui indique toute la confiance qu'on avait en lui. Plus d'une fois il profita de sa charge pour obtenir soit une promenade générale, soit une récréation prolongée. Comme le jour où, jouant à la balle avec acharnement, il demandait au directeur d'attendre encore cinq minutes *de la petite aiguille* au cadran de l'horloge (autrement dit une heure). On l'avait surnommé le *Gasque* (sic) sans doute à cause de son origine et de ses procédés.

Quoi qu'il en soit, ceux qui l'ont suivi longtemps et l'ont connu dans l'intimité affirment que pendant sa jeunesse il était sérieux, prudent, travailleur, ordonné, prévoyant et pieux.

De son éducation première et de son séjour dans un milieu plein de gaîté, il conserva toujours un caractère égal et une nature enjouée qui faisaient le charme de son entourage.

Ses paroles, ses récits étaient émaillés de traits piquants et souvent imagés.

Son caractère jovial, conservé même pendant les dernières années de sa vie, lui créa de nombreux amis. On le recherchait parce qu'il était gai, on l'estimait parce qu'il était pieux, travailleur et ferme. Sa devise à Saint-Nicolas fut celle de Mgr Dupanloup son maître en toutes choses : *Multus labor. — In labore methodus. — In methodo constantia.*

Doué de ces qualités précieuses pour un prêtre qui se destine au saint ministère, il devait être nécessairement un très bon séminariste. C'est encore le témoignage de celui qui habita la même chambre que lui pendant deux ans au séminaire d'Issy.

M. de Courson était alors supérieur. Homme d'une intelligence rare et d'une sagesse consommée, il possédait au plus haut degré le don de discerner les caractères et de juger les hommes confiés à sa direction.

Un jour, le jeune abbé Castelnau revenait d'une entrevue avec son directeur, et, fondant en larmes, il répétait à son compagnon de chambre, de qui nous tenons cette confidence. « Il ne me connaît pas ! il ne me connaît pas ! » Que s'était-il donc passé ? Le voici. Quelque peu effrayé de voir dans son dirigé une habileté précoce à profiter des circonstances et des individus pour étendre son influence et favoriser ses projets, le vénérable sulpicien craignait de former pour l'avenir un de ces prêtres intrigants que l'ambition tourmente, qui deviennent un embarras dans les sacristies, et dans le monde qu'ils exploitent, la honte de l'Eglise. Il n'en a rien été. La leçon fut salutaire. Pour cette fois, le profond penseur, par ses conseils, a su prévenir, à temps, de funestes conséquences.

Le confident de ces peines intimes, nous l'avons dit, partageait avec lui la même chambre. Les élèves étaient alors si nombreux qu'on dut en placer un certain nombre dans un bâtiment délabré qui est aujourd'hui converti en jeu de balle. Tous deux occupaient une des six chambres situées au premier étage. Les fenêtres et les portes vermoulues les garantissaient mal des atteintes d'un hiver très rigoureux. Ce temps d'épreuves inspira à son camarade une chansonnette humoristique sur les douceurs de la vie à deux. Elle commençait ainsi :

Chantons les plaisirs du ménage.

Trente ans après, l'auteur de cette modeste composition avait depuis longtemps oublié ce *péché de jeunesse*. Il vient un jour voir son vieil ami, et M. Castelnau l'aborde en chantant comme autrefois dans la chambre glaciale :

Chantons les plaisirs du ménage.

Pendant tout le temps de son séjour au séminaire d'Issy et de Paris, il donna des preuves évidentes de son esprit pratique, prudent et éclairé. Prenant des notes sur tout ce qu'il voyait, sur tout ce qu'il entendait. Et ces notes, rangées dans un ordre parfait, lui fournissaient en temps utile les lumières dont il pouvait avoir besoin.

Au moment des vacances, il alla trouver M. l'abbé Poiloup, directeur d'un pensionnat important, rue de Vaugirard, où se trouve actuellement le collège de l'Immaculée Conception, tenu par les Jésuites. Inspiré par le désir de ne pas être à charge à ses parents, il sollicita et obtint un préceptorat, et passa ainsi la période de ses congés dans une riche famille de Limoges qui lui conserva longtemps le plus doux et le plus affectueux souvenir.

Constamment fidèle à ses principes, il poursuivit le cours de ses études au séminaire de Paris comme à celui d'Issy. D'une foi vive, d'une piété ardente, il savourait avec délices les leçons de ses maîtres pour lesquels il professa jusqu'à la fin la plus grande vénération.

Le jour désiré de son sacerdoce arriva enfin !

Cette cérémonie de l'ordination, inoubliable pour tout prêtre, produisit en lui une impression si profonde que, parvenu au terme de sa longue carrière, il en parlait avec la ferveur et l'enthousiasme du jeune prêtre. Il était prêt, il était heureux et se mit à l'œuvre, décidé à travailler avec la dernière énergie à la gloire de Dieu et au salut des âmes.

CHAPITRE III

LE VICAIRE

Ordonné prêtre le 22 décembre 1849, M. l'abbé Castelnau fut, aussitôt après, professeur à la maîtrise de Notre-Dame où il ne fit que passer. Ses qualités attirèrent l'attention de M. l'abbé Legrand, et gagnèrent ses sympathies. Dès lors celui-ci devint le soutien et le protecteur du jeune prêtre et jusqu'à sa mort fut pour lui d'une bonté paternelle.

Au mois d'octobre 1850, M. l'abbé Legrand était nommé curé de Saint-Germain l'Auxerrois, alors paroisse de l'Empereur, et réputée la première de Paris. Les années ont passé, les Tuileries ne sont plus le brillant rendez-vous d'autrefois, la cour impériale a disparu, et la paroisse Saint-Germain l'Auxerrois ne conserve plus que le souvenir de son ancienne splendeur.

En quittant Notre-Dame pour occuper son nouveau poste, M. Legrand demanda M. l'abbé Castelnau et l'obtint pour vicaire.

Dès les premières années de son ministère, celui-ci mit à profit les sages leçons de ses maîtres. Tous les jours il célébrait les saints mystères avec une foi et une piété qui

ne se sont jamais ralenties. Il avait contracté la pieuse habitude de réciter le *Miserere* en partant à l'autel, priant ainsi Dieu de le purifier davantage et de le rendre moins indigne d'offrir le saint sacrifice. Il lutta toujours contre les importuns, pour sauvegarder le temps de son action de grâces. Jamais il ne se privait du bonheur de dire la messe, à moins d'en être invinciblement empêché. Plusieurs fois, nous l'avons vu, revenant de ses vacances, rester à jeun, après un voyage d'un jour et d'une nuit, arriver au presbytère à neuf heures, et à dix heures se rendre à l'église pour monter à l'autel.

Tous les quinze jours il se confessait et aucune raison ne put le faire manquer à cette résolution fondamentale. Son confesseur le révérend Père Mirebeau, appelé pour entendre ses derniers aveux, nous disait après sa mort. « Vous avez perdu un saint prêtre. »

Il puisait dans les exercices de piété bien remplis le principe de son zèle et de son activité. Dès ses premiers pas dans le sacerdoce il a été tel que nous l'avons connu de 1886 à 1900. A l'exemple du Maître, il aimait les enfants. Il s'intéressait aux moindres détails de leur vie. Rarement il abordait une mère de famille sans lui adresser la question traditionnelle. « Eh bien, comment vont vos *bijoux?* Ne spéculez pas sur leur nourriture... Le meilleur vœu que je puisse former pour eux, c'est qu'ils ressemblent à leur mère... » Aux parents il ajoutait ce qu'il disait en chaire : « Le meilleur héritage que vous puissiez léguer à vos enfants, est celui d'une éducation chrétienne... Ce bien au besoin leur tiendra lieu de tous les autres. »

Dans ses allocutions aux enfants il leur disait encore :

« L'enfant vraiment aimant n'est pas celui qui suspendu au cou de sa mère proteste aisément de son amour, et qui sur un ordre donné par elle, rembrunit son front, boude, s'agite comme une petite furie, mais celui qui sur un signe vole au devoir comme au jeu. . »

Il insistait auprès d'eux en leur réitérant cette recommandation : « Mon enfant, soyez la douce joie et la consolation de vos bons parents, vous avez été créé et mis au monde pour cela et vous n'opérerez votre salut qu'à cette condition. »

En les congédiant, soit au confessionnal, soit ailleurs, sa parole d'adieu était : « Allons, bien au Bon Dieu. »

S'il était bon, paternel, tendre pour les enfants dociles et bien élevés, il était redouté des enfants qui méritaient quelque reproche. Il leur faisait de vives remontrances, et les obligeait à demander pardon. Sa pensée souvent rappelée était celle-ci : « Un enfant paresseux est ou deviendra un enfant vicieux. »

Les personnes âgées maintenant, qui ont suivi à Saint-Germain l'Auxerrois les catéchismes qu'il dirigeait, nous ont affirmé qu'il était d'une sévérité inflexible, tenait à la récitation intégrale de la lettre même du catéchisme, ne faisant pas grâce d'un mot. Il appelait *tombés* ceux qui se permettaient la moindre faute. Il avait créé le *banc d'ignominie*, salutaire punition pour les enfants dont il avait gravement à se plaindre.

Malgré cette apparente sévérité, tous les enfants l'aimaient, et avancés dans la vie, ils revenaient en grand nombre se rappeler à son souvenir.

Il a conservé dans le monde qui peuplait sa première

paroisse des relations qu'il a heureusement entretenues pour soutenir les œuvres dans notre quartier.

Il avait un don particulier pour s'attacher les enfants et les parents, dans certaines circonstances plus favorables à ses pieux projets. La cérémonie de la première communion absorbait tous ses soins. Avant, pendant et après, il se dépensait tout entier pour assurer aux enfants le succès de cette action décisive selon lui, car il multipliait ainsi ses instances : « C'est de cette première communion bien ou mal faite que dépend le bonheur de leur vie entière ; *je ne dis pas assez*, celui de leur famille ; *je ne dis pas assez*, celui de leur éternité. »

Il conservait religieusement son *coutumier* de la paroisse Saint-Germain l'Auxerrois et continuait à Saint-Séverin ce qu'il avait commencé dans sa paroisse de début.

Voici le cérémonial observé après l'examen d'admission ; il donne rendez-vous aux parents et leur annonce que leurs enfants sont reçus *provisoirement*. Puis il interroge chacun d'eux, sur la conduite privée de son enfant, dans l'ordre suivant : « la prière? le respect? l'obéissance? » Et comme toujours de la part des parents, les éloges ne sont pas sans réserve, il dit à l'enfant : « A genoux et demandez pardon. Comment, vos parents qui ne vivent que pour vous..... » J'ai été témoin de cette entrevue des enfants et des parents, et j'ai constaté qu'elle produit sur les uns et sur les autres les plus heureux effets.

Après la réconciliation, le père ou la mère reçoivent dans une enveloppe quatre pièces dont on leur fait remarquer l'importance : 1° le billet d'admission, 2° l'ordre et les heures de réunion pour la retraite et les jours suivants;

3° une prière à apprendre pour les parents; 4° une série de conseils adressés aux parents, et une invitation à venir bénir leurs enfants.

C'était le mercredi soir, à huit heures, qu'avait lieu cette cérémonie touchante de la bénédiction des parents, précédée d'une exhortation pleine de cœur et suivie de conseils paternels rappelés aux premiers communiants du lendemain : Personne n'a oublié les premières paroles qui, de suite, captivaient l'auditoire : « Mes enfants, c'est pour vous bénir que vos parents sont ici réunis ce soir. Il y a trois circonstances solennelles dans la vie où les parents bénissent leurs enfants : le jour de leur première communion, le jour de leur mariage, et au moment de leur mort. Cette dernière bénédiction, puissiez-vous ne la recevoir que bien tard!.... Ce n'est pas la tête haute qu'il convient de recevoir cette bénédiction, mais à genoux..... » Et au milieu du silence et de l'émotion qui règnent dans l'auditoire, il prononce les paroles liturgiques. Puis il leur rappelle leurs devoirs d'amour, de respect, d'obéissance et d'assistance.

A Saint-Germain l'Auxerrois, il connut une jeune orpheline qui, privée de sa mère le jour de sa première communion, écrivit ses pensées, dont la lecture, chaque année, a fait verser bien des larmes. Ce petit chef-d'œuvre de sentiment commençait ainsi : « Ma petite mère, vous ne serez pas là pour me bénir, mais du haut du ciel vous veillez sur votre enfant..... » et se terminait par ces mots d'une tendresse toute naïve : « Vous serez toujours ma petite mère chérie, comme je serai toujours votre petite fille chérie. »

Pour bien imprimer dans le cœur de l'enfant le sentiment de l'amour filial, il devait apprendre par cœur et réciter le jour de la première communion la prière suivante :

« En ce beau jour, ô mon Jésus, vous êtes dans mon cœur. Bénissez tous ceux que vous y trouverez près de vous, mes bons parents, ceux qui m'entourent ici-bas de leur affection et ceux qui nous attendent dans une vie meilleure. Veillez à ce que je sois toujours leur joie, leur bonheur et plus tard l'appui et la consolation de leur vieillesse.

« Oh! je vous en conjure, sanctifiez-nous *tous*, gardez-nous *tous* bien à vous, afin que vous aimant sur la terre, nous soyons *tous réunis* à vous dans le Ciel.

« Seigneur Jésus, faites de nous ce que vous voudrez dans le temps, pourvu qu'*ensemble* nous puissions vous voir, vous bénir, vous aimer à plein cœur, pendant la bienheureuse Éternité!

« O Marie, ma bonne mère, offrez à Jésus ma prière et gardez à jamais le cœur de votre enfant. »

Le religieux intérêt qu'il portait aux enfants lui attachait le cœur des parents et lui valait dans son quartier une juste et saine popularité : Il était sur la paroisse depuis peu de temps, lorsque, dans une circonstance très dangereuse pour sa vie, il put s'applaudir d'avoir su se créer des amis dans tous les milieux. En effet, dès le 6 avril 1871, le curé de Saint-Séverin, M. l'abbé Moléon, avait été arrêté par l'ordre de Raoul Rigault. M. l'abbé Castelnau, arrêté lui-même, fut délivré par Régère, délégué de la Commune au Ve arrondissement.

Régère habitait sur la paroisse, et son fils fut admis à la

première communion. M. Castelnau eut, à cette occasion, une entrevue avec le farouche ou servile communard; l'accueil fut cordial, le fédéré même le quitta sur ces mots : « Les temps sont troublés, vous courez de grands dangers, et si un jour vous avez besoin de mes services, comptez sur moi. » Le 18 mai, deux gardes se présentent au presbytère, demandent le « citoyen Castelnau », l'arrêtent, et le conduisent à la mairie du Panthéon. Sur son passage, comme Jésus-Christ sur la route du Calvaire, il entendait les hurlements de la foule. Les femmes, en délire, plus acharnées ou plus inconscientes, criaient aux fédérés : « Fusillez le calotin ici. Inutile d'aller si loin... »

A la mairie on devait l'introduire dans la salle où siégeait le tribunal révolutionnaire. Il marchait vers la porte de droite, lorsque, tout à coup, la porte de gauche s'ouvre, c'est Régère qui miraculeusement se présente.

Le prisonnier le reconnaît et lui dit : « Est-ce par votre ordre que je suis arrêté? » — « Non, lui répond celui-ci, il y a erreur, je vais vous délivrer un sauf-conduit. » Et le bon prêtre était sauvé. Les hommes qui l'avaient arrêté le ramenèrent chez lui, et toujours charitable et indulgent, il les invita à s'asseoir à sa table et à fêter avec lui sa délivrance.

CHAPITRE IV

SES DÉMÊLÉS AVEC LA COMMUNE

A l'époque difficile et tourmentée de la Commune, par sa prudence et son courage l'abbé Castelnau fut le protecteur et le défenseur de sa paroisse.

En 1869, M. l'abbé Moléon avait succédé à M. Hanicle. Prêtre vénérable originaire de l'Artois, il avait eu pour père et pour grand-père deux officiers supérieurs, chevaliers de Saint-Louis. Le père de ce dernier avait été professeur à l'école de Brienne, où il eut pour élève le jeune Napoléon Bonaparte. Plus tard, il invoquait ce titre en faveur de sa paroisse dans un rapport qu'il adressait à M. Haussmann à la fin de l'année 1859.

M. l'abbé Moléon était un prêtre zélé, actif, aimant à se dépenser, ardent et impressionnable. La même année 1869 M. l'abbé Castelnau quittait Saint-Germain l'Auxerrois où il avait fait ses premières armes, et venait comme premier vicaire à Saint-Séverin. On disait alors : « la paroisse va sauter, car elle a maintenant à sa tête deux volcans », faisant ainsi allusion à l'activité dévorante de ces ardents travailleurs.

Toujours fidèle à sa méthode, M. Castelnau premier

vicaire fut le dévoué collaborateur de son curé. Prenant son avis avant de se lancer dans une entreprise. Il se montra constamment le subordonné soumis et affectueux de son supérieur.

Tous deux vivaient sous le même toit, et travaillaient à la même œuvre dans un accord parfait. Mais hélas! l'année terrible vint jeter dans Paris le désordre et la désolation. Après les dangers qu'il courut, et les privations qu'il dut subir pendant le siège, il fut victime des fureurs de la Commune. Le 6 avril, mercredi saint, M. Moléon est arraché de son presbytère, conduit à la prison de Mazas, et inscrit au nombre des otages qui devaient être fusillés.

C'est alors que, terrifié, il écrivit à son premier vicaire la lettre d'adieu suprême que nous avons eue sous les yeux et que nous reproduisons dans son intégrité.

« 25 mai 1871.

« Cher Castelnau, chers amis et confrères,

« Je ne puis rien vous dire, mon cœur est trop plein. Ne me plaignez pas. Aimez-moi toujours. Priez et faites prier pour moi, surtout les petits enfants. Cher ami, dites en chaire que je meurs pour Dieu et la justice avec bonheur; présageant à ma patrie et à ma chère paroisse des jours meilleurs. Je leur recommande les œuvres établies par le saint M. Hanicle que j'ai mal remplacé, un autre fera mieux, sans peine. J'ai fait un testament, mon frère est mon héritier et légataire; mais je le prie en grâce de s'entendre avec vous. Ce sera difficile. J'ai été surpris, c'est l'usage, et j'en suis bien fâché, hélas! au point de vue de l'ordre et de la logique. Présentez mes hommages à MM. les marguilliers, M. le président spécial..... M. de Quevauvillers, mon bon Docteur que je remercie et surtout, Monsieur, Madame et enfants Davioud, tous mes enfants. Vous, ami, je vous remercie, vous baise avec une profonde tendresse, vous conjure de lire dans mon cœur, et un peu dans certains papiers que vous montrera Mme Sainte-Geneviève. Consolez la pauvre sœur, c'est la séparation qui me fait plus de mal. Devenez ce qu'il plaira à Dieu, faites aimer la Sainte Vierge, ma chère confrérie que j'aimais tant et recevez mes adieux.

« Votre frère, votre ancien curé, votre ami,

« Abbé Moléon. »

Le saint prêtre croyait sa dernière heure venue et n'échappa que par miracle à la mort.

Quelque temps auparavant sous l'impulsion de M. l'abbé Castelnau, on avait tenté une démarche qui ne put aboutir, mais fut toute à la louange de celui qui eut le courage de la provoquer, et des dames qui espérèrent sauver leur curé.

La lettre suivante nous fournit les plus précieux renseignements sur cette douloureuse affaire.

Au citoyen Protot, membre de la Commune, délégué à la Justice.

Citoyen,

Trente mères de famille dont les enfants sont prêts à faire leur première communion, sont venues me trouver en me priant d'être leur interprète près des citoyens délégués à la Justice pour obtenir la mise en liberté de M. de Mauléon (*sic*) curé de Saint-Séverin.

M. Castelnau, premier vicaire de cette paroisse, se joint à elles et se propose de se rendre lui-même aux lieu et place de son curé si cela est nécessaire.

Je verrai Rigault pour lui parler à ce sujet, ne pourriez-vous vous entendre avec vos collègues de la Commune pour qu'il en soit de même des autres otages et pour faire cesser ces arrestations arbitraires opérées par des citoyens trop zélés, ou peut-être intéressés à décrier la Commune.

Salut et fraternité.

TROHEL,

Membre du Comité central des vingt arrondissements, président du Club Saint-Séverin.

Paris, ce 15 mai 1871.

Au commencement de mai, un club avait été installé à Saint-Séverin.

En l'absence de M. Moléon retenu comme otage, le premier vicaire, l'abbé Castelnau remplissait les fonctions de curé et comme tel il eut à traiter une affaire très délicate exposée par lui-même dans un rapport adressé au *Figaro* et conçu en ces termes :

« Monsieur le Rédacteur,

Dans le compte rendu du troisième conseil de guerre, audience du 17 août, le *Figaro*, ainsi que la plupart des feuilles publiques, rend inexactement ma déposition de l'affaire Régère. Permettez-moi, dans l'intérêt de la vérité et de mon ministère, de reproduire ici ma déposition.

En l'absence de M. le Curé de Saint-Séverin, emmené prisonnier et retenu comme otage, dix jours avant l'entrée de l'armée de Versailles dans Paris, je fus sommé par des délégués de la préfecture de police et du comité central, d'avoir à livrer l'église pour y tenir un club. Je m'y refusai. Je ne puis livrer l'église que sur l'ordre de M. Régère. Demain, nous vous apporterons cet ordre. Je courus auprès de M. Régère l'informer de ce qui se passait, et lui demander de m'autoriser à refuser les clefs de l'église. C'est contre ma volonté, me répondit-il, qu'on veut tenir ce club à Saint-Séverin; mais j'ai à lutter contre plus fort que moi. Je ne puis vous soutenir. Supportez ce petit mal, pour en éviter un plus grand. Laissez tenir le club; mais continuez vos offices comme par le passé.

Seul, sans appui, n'étant soutenu ni par la mairie, ni par la garde nationale du quartier, en face d'un ordre de la préfecture de police, et d'une députation nombreuse du comité central; cédant à la force, je laissai faire ce qu'il m'était impossible d'empêcher. Le club eut donc lieu dans l'église.

Singulier mélange observe M. le Commissaire : Vous auriez dû résister. — Monsieur le Commissaire, vous en parlez à votre aise. On voit bien que vous n'étiez pas là.

Dieu seul a le secret des temps difficiles que nous avons traversés. — Mais enfin il y avait là une profanation. — Bien que les choses se passassent à Saint-Séverin moins mal qu'ailleurs puisque l'église avait été partagée en deux, et que le bas seul était occupé, le soir, par le club, je reconnais avec vous que ces réunions scandaleuses constituaient une profanation. Et si l'église de Saint-Séverin eût été la première dans laquelle se fût tenu un club, je n'aurais pas hésité à suspendre tout exercice du culte (c'était peut-être ce que voulaient nos ennemis). Mais depuis longtemps déjà, des clubs se tenaient dans d'autres églises; ma ligne de conduite était toute tracée; quand des curés vénérables avaient cru pouvoir concilier les choses, était-ce à un simple vicaire à leur faire la leçon, en tenant une ligne de conduite contraire? Et si, par suite de mon refus, Saint-Séverin eût été pillé, dévasté, n'eût-on pas été en droit d'en faire peser sur moi la responsabilité?

J'ai donc cru devoir supporter ce que, depuis de longues semaines, on supportait dans d'autres églises. C'est la seule règle de conduite que me traçaient et les événements et ma conscience. »

A propos de ce club tenu dans l'église Saint-Séverin, M. Dabot relève quelques traits curieux publiés par le *Rosier de Marie* dans sa livraison du 26 mai 1900, p. 329.

« Il se débita, dit-il, de fortes insanités dans la chaire de vérité, mais pas toujours sans protestations, car les matrones du quartier assises dans le chœur conspuaient l'orateur ou l'oratrice qui expectorait de trop *grosses énormités*. »

Et il ajoute : « L'état d'âme de ces femmes était vraiment curieux. Ludovic Halévy, dans ses *Notes de 1871*, raconte l'indignation de l'une d'entre elles qui, allant au club et ne trouvant pas d'eau bénite dans le bénitier de l'église Saint-Séverin, s'écria courroucée : « Pas d'eau bénite! c'est donc une barraque que c't'église-là. »

« Il fallait payer cinq centimes pour entrer au club, ce qui excitait la rage de certains citoyens « mais c'est toujours la même chose, disaient-ils, c'est toujours comme du temps des curés ».

Le club de Saint-Séverin semble avoir joui d'une certaine notoriété : M. Henri Dabot (*Griffonnages quotidiens d'un bourgeois du quartier latin*, 3 juin 1871) raconte qu'après l'entrée des Versaillais, il acheta une lithographie contenant les portraits de tous les membres de la Commune, mêlés à des vignettes représentant des épisodes de l'histoire de la Commune : « A l'angle supérieur droit, dit M. Dabot, se voit la chaire de l'église Saint-Séverin dans laquelle pérore une femme. »

Si le club installé dans l'église avait pu préserver l'édifice, il n'avait pu arracher de prison le pasteur. La captivité de ce digne prêtre a été racontée par sa nièce, Mme Dorothée de Boden, dans un article paru dans le *Contemporain* d'août 1871, sous ce titre : *Un otage sous la Commune* et réimprimé en brochure (Paris Leclère, 1871, gr. in-8°).

De divers côtés on s'employa à faire cesser une incarcération que rien ne justifiait et ne pouvait même expliquer.

Dès le commencement d'avril une manifestation touchante que rappelle M. Henri Dabot (*Griffonnages quotidiens d'un bourgeois de Paris*, 21 mai 1871), avait été faite dans le but d'obtenir la mise en liberté du curé de Saint-Séverin. Il existe sur la paroisse une association de charité destinée à venir en aide aux vieux ménages ; c'est l'œuvre de la Sainte-Famille ; les vieilles femmes qui composaient cette confrérie, dès les premiers jours de la captivité de l'abbé Moléon, se rendirent, drapeau rouge en tête, à l'Hôtel de Ville pour le réclamer. Moins heureuses que les dames de la Halle qui avaient obtenu la délivrance du curé de Saint-Eustache, elles échouèrent dans leurs démarches. Une femme de lettres distinguée qui avait obtenu l'élargissement de l'aumônier de la clinique, Mme Blanchecotte, tenta aussi une démarche en faveur de M. Moléon auprès de deux membres de la Commune, Arnould et Delescluze : elle n'obtint rien que de vagues promesses. Le 21 mai, dans la matinée, des dames de la paroisse allèrent présenter une pétition à l'Hôtel de Ville : elles ne purent rien obtenir.

Bien loin d'élargir le curé, peu s'en fallut que la Commune n'arrêtât le premier vicaire : « Le jour du 21 mai, dit M. Henri Dabot (*Griffonnages quotidiens d'un bourgeois du quartier latin*, 21 mai 1871), fut assez agité dans le quartier des Ecoles. Le vent communard soufflait en tempête, surtout contre les ecclésiastiques. » L'abbé Castelnau, premier vicaire de Saint-Séverin, fut emmené comme un malfaiteur à la mairie du Panthéon et fut relâché comme nous l'avons dit, grâce au sauf-conduit délivré par Régère, et dont nous reproduisons ici la copie :

VILLE DE PARIS

CINQUIÈME ARRONDISSEMENT

MAIRIE DU PANTHÉON

Ordre :

Le vicaire de Saint-Séverin ayant déféré aux ordres de la Commune et livré son église, tous les soirs, aux réunions républicaines, le délégué ne voyant nul motifs (*sic*) à sa détention — Vu les pleins pouvoirs qu'il tient du Comité de Salut Public — Le soussigné délégué membre de la Commune ordonne sa mise en liberté, au nom du principe de liberté de conscience.

D. Th. Régère.

C'était ce même jour, 21 mai, à 5 heures du soir, que l'armée de Versailles entrait dans Paris.

Le triomphe de la canaille fut de courte durée, et les perturbateurs eurent bientôt le sort qu'ils méritaient.

Parmi eux, Régère et Trohel rendent justice au courage et à la charité de M. l'abbé Castelnau.

Régère lui écrit le 7 avril 1872, du Fort Bayard où il est détenu, la lettre suivante : « Monsieur, Ces lignes vous portent mes adieux en ce monde. Elles vous diront aussi mes remerciements et ma gratitude profonde.

Vous avez eu le courage des mauvais jours, celui non moins grand du conseil de guerre. Puis, vous avez prodigué à mon fils Gaston des marques d'un intérêt vraiment paternel. Vous acquittez seul les dettes de tous.

Croyez bien, Monsieur, que ces bonnes actions n'ont pas rencontré des cœurs ingrats. Bien souvent, du fond de ma casemate, mon souvenir se reporte sur le vicaire de Saint-Séverin.

Je ne veux pas vous attrister du récit de mes privations et de nos douleurs. Voici une des plus récentes :

Les jours de Pâques, les grandes fêtes chrétiennes viennent de passer, — de passer inaperçues pour nous. On nous oublie. On nous prive de tout concours chrétien, plus que si nous étions des sauvages, autant que si nous étions des païens. Pourtant, j'entends parfois, dans des casemates, des groupes de détenus qui se réunissent pour chanter des hymnes religieux. Souvenirs d'enfance, direz-vous ? Je pense autrement et je suis sûr que les sentiments chrétiens dominent ici comme ils le font dans la France catholique.

Plus heureux que moi, Monsieur, vous voyez parfois mon petit Gaston.

Je vous prie de lui dire ma profonde affection pour lui, l'adieu et la bénédiction que je lui adresse au moment du départ.

Mon testament qui contient des instructions à son égard va être envoyé à M. Bouley.

Je vous prie à l'une des sorties de mon fils de le conduire chez mon ami Bouley où il les lira et *en prendra copie.*

Dans vos prières, Monsieur l'abbé, pensez quelquefois au maire du Ve qui aurait voulu être pour vous un protecteur et un ami. D. Th. Régère.

P. S. — J'apprendrai avec un véritable bonheur à l'île Ducos, que justice a été rendue à votre mérite, à vos travaux et à votre courage.

Malgré ce qui m'arrive, je n'ai pas cessé de croire à la justice des hommes. D. Th. R.

De Sèvres le 5 janvier 1873, Trohel écrivait au vaillant vicaire cette lettre.

« Monsieur l'Abbé. Depuis six semaines que je suis arrêté, j'ai eu le temps de réfléchir et de me rappeler.

Je vous envoie, ci-inclus, la copie de la lettre que j'ai écrite à Protot, et dont vous avez pris lecture, et si ma mémoire ne me fait pas défaut, je pense que c'est vous-même qui l'avez jetée à la poste...

Etrange position que la mienne : qu'aurait-elle été si j'avais suivi mon inspiration, et que j'eusse demandé à Rigault la place de Directeur de Mazas? Peut-être aurais-je sauvé les otages. Je n'en aurais pas moins été, aux yeux des autorités, un plus grand criminel que je ne le suis. Ma position n'est cependant pas sans précédent.

Que pensez-vous, Monsieur l'abbé, de la conduite du secrétaire de Mgr Darboy? A cette question que je vous ai adressée vous m'avez répondu avec assez de vivacité. Et le fédéré, bien sévère pour un prêtre, aime à prêter au plus grand nombre une opinion qui consistait à dire : « Malgré M. Thiers, j'aurais traversé les lignes de l'armée de Versailles, et serais revenu près de mon Evêque, quand même j'aurais eu la certitude d'être fusillé par la Commune. »

Agréez à nouveau, Monsieur l'abbé, l'expression des sentiments de la plus profonde gratitude et de dévouement, ainsi que ceux de l'estime que j'ai pour vous.

TROHEL.

Le 17 décembre 1873, cédant à son bon cœur et à son désir de rendre service, même à des êtres dangereux et tombés, le charitable abbé Castelnau signa cette requête au président de la République, en faveur de l'ancien fédéré; et sa demande fut agréée.

Monsieur le Président,

M. Trohel condamné à la déportation a rendu à l'église de Saint-Séverin pendant les mauvais jours de la Commune, de véritables services; et je ne fais qu'acquitter une dette de reconnaissance en venant solliciter, en sa faveur, auprès de la commission des grâces, une commutation de peine.

Le club existait déjà dans l'église de Saint-Séverin, quand M. Trohel vint le présider. La première séance avait été des plus orageuses; tout nous faisait appréhender la profanation, le pillage et peut-être la ruine de notre église, M. Trohel intervint à temps. Par son ordre des barrières furent apposées devant le chœur, et un rideau devant le sanctuaire. La partie basse de l'église fut seule occupée par le club. — Il m'avait promis que l'ordre serait maintenu, autant qu'il serait en son pouvoir, et que l'on ne toucherait à rien. Il tint parole. Rien n'a été enlevé. L'église, le presbytère ont été respectés. MM. les vicaires sont tous restés bravement à leur poste. M. le Curé était déjà depuis longtemps prisonnier. M. Trohel fit des démarches auprès de Raoul Rigault et du citoyen Protot, pour obtenir sa délivrance. Ses démarches avaient abouti, et l'avant-veille de l'entrée dans Paris, M. Trohel annonçait en plein club la délivrance de M. le Curé. Cette nouvelle suscita de la part des Communeux une véritable tempête, Trohel fut traité de Jésuite, de Versaillais et emmené comme espion devant le commissaire (1).

(1) Le dimanche 28 mai, jour de la Pentecôte, la Roquette fut dans la matinée abandonnée par les troupes de la Commune. L'abbé Moléon, Mgr Saralle, l'abbé Bécourt, curé de Notre-Dame de Bonne-Nouvelle s'échappèrent. Plus heureux que ses compagnons, massacrés en chemin par les détenus de la petite Roquette que leur directeur avait mis en liberté, l'abbé Moléon put gagner Saint-Séverin. Il arriva pendant la grand'messe, dit M. Henri Dabot (*Griffonnages d'un bourgeois du quartier latin*, 1er juin 1871), en vêtements civils délabrés. Personne ne le reconnut à la sacristie. « Je suis votre curé, dit-il. » Le premier vicaire prévenu accourut annoncer la bonne nouvelle aux fidèles. M. Moléon vint bientôt après et adossé à la grille du chœur, il dit quelques mots aux paroissiens.

C'est qu'en réalité M. Trohel était loin de partager les sentiments de ces misérables. Ce n'est pas un méchant homme, c'est une pauvre tête, un homme dangereux à raison même de sa bonne foi, un homme, par conséquent, qu'il importe de tenir à l'écart; le bannissement ou la prison en France concilieraient peut-être les droits de la justice et de la miséricorde.

Sa femme déjà d'un certain âge, sa jeune fille qui a conservé les principes religieux dans lesquels son père a tenu à la faire élever au couvent du Sacré-Cœur, vous en béniraient éternellement.

Et en ce qui me concerne, c'est moins mon ministère tout de paix et de pardon qu'un sentiment de juste reconnaissance qui me porte à solliciter votre indulgence pour cette nature vaniteuse et égarée. »

Mûri par l'épreuve, aguerri par les douloureuses circonstances qu'il avait traversées, le signataire de cette supplique était prêt pour la mission que son Archevêque devait lui confier.

CHAPITRE V

LE CURÉ DE SAINT-SÉVERIN

En 1875, M. l'abbé Moléon succomba aux suites de sa longue captivité. M. l'abbé Castelnau qui avait rempli les fonctions de curé intérimaire, dans les circonstances les plus difficiles, était tout naturellement désigné pour lui succéder. C'est lui qui a présidé aux destinées de la paroisse pendant le dernier quart du XIXe siècle. Au moment où la cure était vacante, M. l'abbé Legrand, curé de Saint-Germain l'Auxerrois et vicaire général, avait appris à son protégé que l'Autorité songeait à lui offrir la direction d'une paroisse. On lui donnait le choix entre Saint-Germain des Prés et Saint-Séverin. Il préféra cette dernière, persuadé que la connaissant déjà il pourrait de suite se mettre à l'œuvre sans être obligé de l'étudier.

Il fut nommé le jeudi 18 février, à la grande satisfaction de sa famille, des paroissiens et de ses compatriotes.

Le lundi 22 mars 1875 il était installé dans le poste qu'il ne devait plus jamais quitter.

Voici en quels termes la *Semaine religieuse* de Paris rend compte de cette cérémonie : « Lundi dernier à deux heures, M. l'abbé Caron, nouvellement promu à l'archidiaconé de Sainte-Geneviève, procédait à l'installation de M. l'abbé Castelnau dans la cure de Saint-Séverin. Une assistance nombreuse et sympathique avait rempli de bonne heure les nefs de la vieille église. Un beau soleil inondait de lumière ses voûtes élancées. Saint-Germain l'Auxerrois où le nouvel élu avait laissé de précieux souvenirs, et Saint-Séverin qui saluait avec bonheur l'élévation d'un prêtre déjà bien connu et aimé de tous, avaient envoyé leurs plus fidèles paroissiens.

Après les cérémonies d'usage, M. l'archidiacre montait en chaire, et captivait aussitôt son auditoire sous le charme d'une parole pleine de faits et d'émotions.

L'orateur rappelait d'abord le souvenir de M. Moléon... s'étendait sur ses années d'apostolat à Saint-Denis... Du court passage de M. Moléon à Saint-Séverin les assistants n'avaient pas oublié le culte extérieur, le souci de la parole sainte... la prison... les scènes de la Commune... la résignation de la victime... ses dernières années... sa mort si rapide et si édifiante.

M. Moléon avait désigné lui-même son successeur, c'était son premier vicaire qui déjà lui prêtait le concours de son zèle et de sa piété, lequel aussi recueillait son dernier soupir.

M. Rigault, maire du VIe arrondissement, MM. les adjoints du Ve arrondissement avaient tenu à témoigner, par leur présence, de leur sympathie pour le nouveau curé de Saint-Séverin.

La *Semaine religieuse* d'Alby, le 18 mars 1875, fait écho à celle de Paris. Nous y lisons ces lignes empreintes d'une légitime fierté.

« La *Semaine religieuse* du diocèse annonçait, il y a quelques mois, la mort de M. l'abbé Moléon, curé de Saint-Séverin à Paris. Elle peut aujourd'hui faire connaître à ses lecteurs le nouveau titulaire de cette importante cure. Par le choix de Son Eminence Monseigneur Guibert, M. l'abbé Castelnau, premier vicaire de la dite paroisse, en est devenu le pasteur, à la grande satisfaction de ses nombreux amis.

M. l'abbé Castelnau est originaire du diocèse d'Alby, et la paroisse de Labessonnié où habite encore une partie de sa famille, est heureuse de compter le nouveau curé de Saint-Séverin au nombre de ses enfants et de ses bienfaiteurs les plus généreux.

... C'est le sublime dévouement de M. l'abbé Castelnau pendant le règne atroce de la Commune, après l'arrestation de M. le curé de Saint-Séverin, sa noble attitude en face des Régère et des autres proconsuls plus féroces, qui le rendaient bien digne de devenir le pasteur d'un troupeau qu'il sut si bien défendre, aux mauvais jours... »

Un journal local publie ainsi cette heureuse nouvelle : « Notre compatriote M. l'abbé Castelnau, de Labessonnié, vient d'être installé solennellement comme curé de Saint-Séverin à Paris. Le *Gaulois* donne à ce sujet sur ce prêtre éminent quelques renseignements que nous sommes heureux de lui emprunter.

L'abbé Castelnau est jeune encore, sa figure, d'un caractère méridional, est à la fois énergique et mobile ; ses yeux grands et doux s'emplissent de larmes au récit qu'on a fait des vertus de son prédécesseur... et des siennes propres.

Feu l'abbé Moléon, son prédécesseur, était un apôtre de la charité ; par ses bienfaits sans cesse répétés, il a, paraît-il, épuisé non seulement sa bourse, mais le trésor des pauvres de la paroisse. Tant d'humanité le désignait fatalement au choix de Raoul Rigault et compagnie qui firent un otage du bon curé de Saint-Séverin. Et à la suite de cette arrestation, M. l'abbé Castelnau, premier vicaire, fit preuve d'un si intelligent esprit de conciliation que, au plus fort de la Commune, il sut préserver son église du pillage et de la profanation. Au bout de deux mois, il obtint que son pasteur fût mis en liberté.

Au conseil de guerre, un colonel lui reprocha sa « mansuétude », comme si, à l'exemple de Monseigneur Affre, un prêtre de Jésus-Christ devait être, au milieu de nos discordes civiles, autre chose qu'un ministre de douceur et d'apaisement.

Le bon curé Moléon lui fit vite oublier cet incident par ses bonnes paroles et sa tendre reconnaissance. Devenu aveugle à la suite de sa captivité, il suppliait qu'on lui laissât toujours, comme premier vicaire, son « Benjamin », c'est le nom de M. Castelnau.

A son lit de mort, il le désigna comme son successeur. Le vœu du mourant vient d'être exaucé. »

Installé le lundi 22 mars 1875, il eut la consolation de voir sa vieille mère assister à cette cérémonie. Malgré son âge avancé, elle avait entrepris le long voyage de Castres à Paris pour voir son fils solennellement installé curé de Saint-Séverin. Bonheur et récompense qu'elle avait mérités par sa piété, son amour et son dévouement. Mais souvent hélas, les larmes succèdent bien vite à nos joies les plus pures. Quelques années à peine s'étaient écoulées, que cette pauvre femme, après avoir vu ses vœux réalisés, mourait entre les bras de son fils, heureux alors d'être prêtre pour donner à sa mère une dernière bénédiction.

Sa mort fut pour lui un des grands chagrins de sa vie. Le dimanche 9 juin 1878, il écrivait à Mme J... : « La santé de ma pauvre mère me donne toujours les plus grandes inquiétudes, mais elle est admirable de patience, de résignation, d'espérance pour ce ciel où elle attendra ses enfants..... Elle peut cesser de vivre d'un moment à l'autre, et je voudrais avoir la douloureuse consolation de lui fermer les yeux. »

Dès les premières années de son ministère pastoral, il mit tous ses soins à rétablir le bon état des finances, organisa les œuvres, répara et orna son église.

Pareille à la plus modeste église de campagne, celle de Saint-Séverin était pavée en briques ; il les fit disparaître et leur substitua des dalles en pierre ou en volvite. Mais une affaire plus importante et de la plus haute gravité vint bientôt commencer la longue série de ses tribulations. Le 6 avril 1880, il inaugurait ses écoles.

Afin de parer aux premiers désastres de la laïcisation, il achète rue Git-le-Cœur, 8, un immeuble dont l'aménagement et les réparations ne lui coûtèrent pas moins de quatre-vingt mille francs, et en confie la direction aux Frères des écoles chrétiennes.

Rue de la Harpe, 47, il loue une maison tout entière, y fait construire des classes que dirigent les Sœurs de Saint-Vincent de Paul.

Tous ces travaux furent très onéreux. Mais pour cette

œuvre il eût tout sacrifié, décidé même, dans un moment de détresse, à vendre son petit bien patrimonial. M. Oscar, son frère, s'y opposa formellement. Il lui dit un jour : « Tu n'as pas le droit de vendre la maison de famille, elle nous appartient en partie comme à toi. Nous t'aiderons, s'il le faut, mais pour vendre le bien paternel, jamais. » Il fut ferme et il eut raison. Dans une circonstance des plus critiques il partit en vacances, mais son âme tourmentée cherchait une issue.

Il disait lui-même que cette année-là il avait semé des chapelets en quantité innombrable sur les routes, voulant dire par là que dans ses promenades il avait constamment invoqué la Sainte Vierge et que son arme favorite pour se préserver de la banqueroute fut son chapelet. Touchés de son embarras extrême, vaincus par ses instances, de généreux paroissiens lui vinrent en aide, et ses efforts persévérants triomphèrent des plus grosses difficultés.

Les charniers de Saint-Séverin sont une galerie ogivale qui s'étendait autour du cimetière jusqu'à la rue des Prêtres-Saint-Séverin. Elle est conservée dans son intégrité sur une longueur de 46 mètres jusqu'au passage rue de la Parcheminerie. Les arcades ouvertes et les clefs de voûtes sont des constructions du XVe siècle. C'est là que furent aménagés les asiles des petits garçons et des petites filles. A la Restauration, on démolit la partie qui longe la rue des Prêtres et on y bâtit le presbytère. Le cimetière, auparavant converti en jardin, est devenu une cour de récréation pour les petits enfants, grâce à la charité de leur bon curé.

Il avouait souvent que les asiles et les écoles étaient la

grande consolation, mais aussi la grande préoccupation de son ministère, car les charges étaient lourdes. Seul, sans être protégé par un comité, il pourvoyait à l'entretien de ses écoles. Ses dépenses annuelles pour elles devaient s'élever à trente mille francs environ. Il avait pour alimenter ses ressources, chaque année, un sermon de charité au mois de mars fondé par M. Hanicle. Mais il enrichit les œuvres d'un autre usage qui lui survivra, il fonda une vente de charité. Hésitant d'abord, il finit par céder aux instances de Mme Darbonneus, femme aussi intelligente et charitable que pieuse et active. En 1885, la première vente de charité avait lieu dans le préau des Sœurs, 47, rue de la Harpe. Le succès fut si complet que, depuis ce jour, le bon curé bénissait l'intrépide auxiliaire qui, par sa charité, avait triomphé de ses hésitations.

Ses quêtes à l'église, trop nombreuses au gré du trésorier de la Fabrique et de certains auditeurs plus décidés à prier qu'à donner, avaient pour but de soutenir ses œuvres. Désirant les convaincre qu'ils partageaient son avis, il disait : « En demandant, j'enfonce une porte ouverte, et comme toujours vous serez exceptionnellement généreux. »

On se plaignait parfois des quêtes nombreuses dont il se réservait la libre disposition et il pouvait répondre comme un de ses prédécesseurs : « Qu'importe, si je reçois du son et si je rends de la farine. » La Fabrique n'eut pas toujours à s'en plaindre, car plusieurs années il abandonna son traitement, et souvent il prit à sa charge des dépenses qu'elle aurait dû supporter. Du reste, entre le *temporel* et le *spirituel* l'accord était parfait.

Après avoir pourvu à l'entretien des œuvres capitales, il aimait à enrichir son église déjà magnifique par elle-même. L'église Saint-Séverin, en effet, est un de ces monuments exemplaires qui présentent à l'œil satisfait un ensemble merveilleux du travail accompli par la marche lente, les époques diverses et l'ornementation variée du style ogival.

M. Castelnau aimait passionnément son église et rêvait toujours pour elle une nouvelle décoration. Sous son active impulsion et grâce au concours qu'il sut se concilier, la vieille église fut transformée. Il fit tomber les barrières encombrantes et banales qui fermaient l'entrée des chapelles, et les remplaça par des grilles en fer forgé plus basses et plus légères.

Le grand orgue, le doyen des orgues de Paris, par ses soins, fut entièrement restauré en 1880 et compte maintenant 40 jeux et 2382 tuyaux. Grâce à la bonne volonté des meilleures familles, il a garni de vitraux, diversement appréciés, la plupart des 74 fenêtres de notre église.

On lui doit, avec l'aide d'un généreux donateur qu'il a su gagner par l'aménité de son caractère, une chaire en harmonie avec le monument, et qui, en 1892, remplaça la chaire sans style qui datait de la Restauration, un maître-autel dans le goût du XVe siècle et qui, en 1894, remplaça l'autel de style classique dont la lourdeur encombrait le fond de l'église, l'orgue d'accompagnement déplacé et restauré en 1895, la belle mosaïque du chœur posée en 1897 pour remplacer avantageusement le carrelage qui datait de 1624.

En 1897, il obtenait d'une famille chrétienne la grille en

fer forgé qui ferme le sanctuaire, et fut substituée à une balustrade en bois qui ressemblait trop à une rampe d'escalier. Il voit avec plaisir deux de ses vicaires ériger deux autels en marbre au fond de l'abside. Guidé dans son choix par le bon pasteur, un paroissien, en 1894, dresse un riche piédestal à Notre-Dame de Sainte-Espérance.

Enfin, pour perpétuer le souvenir de son jubilé sacerdotal, il exprime le désir de voir ses paroissiens offrir un bel autel du Sacré-Cœur qui fut bénit le jour de ses noces d'or par Mgr l'Archevêque de Paris.

Mais l'ornementation de son église n'absorbait pas toute l'activité de M. l'abbé Castelnau, il se dépensait tout entier et se faisait tout à tous. Pour les baptêmes, les mariages, la visite des malades, le confessionnal, il était toujours prêt à rendre service, cédant au premier appel et provoquant, au besoin, les invitations. Avant de baptiser un enfant pour lequel on le priait de se déranger, il faisait un petit discours au parrain, à la marraine, à la famille, et à la fin de la cérémonie, un compliment aux uns et aux autres, resserrait les liens d'amitié qui unissaient les paroissiens utiles à leur curé accablé de charges.

Avant le mariage des personnes qui pouvaient soutenir ses œuvres ou l'aider, il offrait la pièce de mariage en or ou en argent, selon la valeur de la dot. D'un côté, se trouvait l'image de Notre-Dame de Sainte-Espérance et, de l'autre, étaient gravées les initiales des fiancés. Au jour fixé, il bénissait le mariage et prononçait un discours qui, chaque fois, touchait profondément l'auditoire. Nous reproduisons un de ceux qui lui étaient le plus familiers. Plusieurs, en le lisant, y retrouveront l'écho d'un jour solennel de leur vie.

C'est un moment bien solennel que celui où l'on quitte un père, une mère qui élevèrent dans l'innocence et la paix nos jeunes années, une famille où étaient nos plus chères affections, pour entrer dans la voie irrévocable du mariage. Si encore on était sûr d'y trouver le bonheur! Malheureusement sur ce point hélas! que d'espérances trompées! Que de jeunes époux qui au lieu des douceurs et des joies de la famille dont ils se berçaient n'ont trouvé que déceptions et mécomptes!... Mais ici loin de nous les appréhensions, ce sont des liens de bonheur que nous venons bénir : oui nul doute que vous ne soyez heureux parce que ce qui vous rapproche l'un de l'autre, ce n'est pas, comme il arrive si souvent dans le monde, les considérations d'un intérêt sordide ou l'entraînement d'un amour aveugle; ce qui vous rapproche c'est le cœur, le cœur chrétien, le cœur avec ses nobles et saintes aspirations. Ces deux cœurs sous l'œil de Dieu, au pied de ses autels, au milieu des prières et des bénédictions de son Eglise, vont donc unir ces deux existences. Désormais vos joies et vos peines, vos espérances et vos craintes, tout vous sera commun. C'est surtout dans cette union parfaite et toute chrétienne que l'on peut espérer trouver quelque bonheur ici-bas. Il y a parfois dans la vie (qui ne le sait!), il y a des jours bien amers, des moments difficiles, on y trouve trop souvent plus de pleurs que de joies et l'Eglise ne dit rien de trop en appelant cette terre une vallée de larmes. Mais nos épreuves perdent de leur vigueur, nos chagrins de leur amertume, comme aussi nos joies sont plus douces, nos jouissances plus vives, quand un cœur ami les partage avec nous : aussi celui qui a trouvé un ami fidèle, a-t-il trouvé, au langage de la Sainte Ecriture, un trésor; un trésor bien au-dessus des richesses de la terre qu'on n'achète pas à prix d'argent, c'est le ciel qui le donne et c'est le don le plus riche qu'il puisse nous faire. Cet ami fidèle, ce cœur généreux vous le trouverez dans celle que la Providence vous donne aujourd'hui pour épouse et pour compagne, vous l'aimerez comme Jésus-Christ a aimé son Eglise, vous la chérirez comme une partie de vous-même. Concentrez sur elle votre cœur et vos affections, personne n'en fut plus digne; et si la religion et la société vous donnent sur elle quelque empire, que l'amour seul porte toujours le sceptre de cette douce autorité.

Dieu met en vos mains le bonheur d'une famille entière. Ce père, cette mère si tendres en vous confiant leur enfant, leur chère petite fille, vous confient leur trésor et tout ce qu'ils ont de plus cher au monde. Ils comptent sur votre cœur, vous l'avez compris, et en vous rappelant ici à cette heure solennelle vos engagements, je vais au-devant de vos désirs; oui je le dis hautement pour vous, vous la rendrez heureuse et vous vous rendrez ainsi heureux vous-même!

Et vous, Mademoiselle, aimez et honorez votre époux comme l'Eglise aime et honore Jésus-Christ; que votre douceur soit toujours inaltérable et vos soins pour lui également empressés; que votre modestie, que votre aimable vertu lui répondent constamment de votre cœur, c'est surtout parce que la religion l'a formé qu'il l'a choisi, il a cru, et avec vérité, qu'une piété solide était la garantie la plus sûre d'une heureuse union. Ses espérances ne seront pas trompées : car il faut bien le reconnaître la religion a pour elle les promesses de la vie présente aussi bien que les promesses de la vie future; elle embellit nos joies, adoucit nos larmes, nous berce d'espérances, et au sein même des afflictions les plus amères de la vie nous fait tressaillir de bonheur !... Et puis, cette foi, cet amour qu'on se donne aux pieds des autels est plus fort que la mort ; la mort, la cruelle mort peut bien frapper sa victime ; mais pour des époux chrétiens il ne saurait y avoir d'éternel adieu ; c'est un au revoir : on s'attend au-delà du tombeau sur le seuil de l'Eternité; on se retrouve, on s'aime au Ciel en Dieu et pour Dieu !

Ces sentiments sont les vôtres et c'est là ce qui fait votre joie la plus douce comme votre espérance la plus consolante.

Puisse Dieu vous les conserver toujours et bénir ainsi votre union. Puissent vos enfants être toujours, comme vous l'avez été vous-mêmes l'un et l'autre dans vos familles, votre joie, votre consolation, votre orgueil et votre couronne.

Chacun de ses discours de mariage se terminait invariablement par cette formule : « Dieu par notre ministère va recevoir et bénir vos serments. » En disant aux époux de se donner la main avant de recevoir leur mutuel consentement, il ajoutait souvent et provoquait ainsi le sourire des intéressés : « Tenez-vous par la main et par le cœur. »

La cérémonie terminée, il recevait à la sacristie les jeunes mariés. Après les félicitations d'usage, il retenait la « première contredanse », c'est-à-dire la première quête de la jeune femme en faveur de ses œuvres. Et presque jamais, on le conçoit aisément, il n'essuyait un refus. Il prenait jour, et sa quêteuse était arrêtée.

Empressé à bénir les mariés qui sollicitaient son ministère, il ne l'était pas moins à se rendre auprès des malades qui demandaient sa visite. Jusqu'en 1893, il voulait aller lui-même administrer, la nuit, les malades pour lesquels on venait à la hâte chercher un prêtre. Il craignait que l'on perdît un temps précieux à prévenir le vicaire de garde, c'est là un fait assez rare pour être signalé. Lorsqu'il fut appelé auprès de Claude Bernard mourant, il réussit à se faire comprendre de l'illustre agonisant, et de le préparer à une mort chrétienne. La triste cérémonie achevée, on prétendait le reconduire par un couloir isolé, et dissimuler ainsi sa visite. Mais prêtre sans peur il s'y refusa : « Je veux, dit-il, prendre pour partir le chemin que j'ai suivi pour venir. » Il eut raison. Il rencontra en effet dans le salon un certain nombre d'amis du célèbre physiologiste et leur dit : « Je suis heureux, messieurs, de vous apprendre que Claude Bernard s'est confessé et meurt en chrétien. »

Comme il annonçait à Renan la même nouvelle, le grand sceptique lui répondit : « Un homme comme lui ne pouvait pas mourir autrement. »

Empressé auprès des malades, il était également à toute heure disposé à entendre ses pénitents.

Nous savons que son confessionnal placé au fond d'une chapelle obscure favorisait les aveux des timides. Nous savons aussi que plus d'une fois pour fixer les résolutions décisives, il faisait graver sur une médaille la date du retour et de la conversion, assurant ainsi la persévérance des âmes revenues au bien.

Il puisait le principe de son dévouement dans l'amour qu'il avait pour sa paroisse, ses lettres en font foi.

Il écrit à Madame J. le 21 août 1893, après sa première maladie : « J'appelle de tous mes vœux le moment où je retrouverai ma chère paroisse. Ce sera dans les derniers jours de septembre. » Quel long exil ! Le 27 juin 1894, il écrivait à sa belle-sœur : « C'est après le 14 juillet que je voyagerai vers Paris heureux de retrouver mon ministère et mes amis. »

Le 29 août 1888, mercredi, il écrit à son frère malade, une lettre admirable d'affection pour les siens et d'attachement à sa paroisse :

Elle mérite d'être citée intégralement :

« Mon cher Oscar. Je ne veux pas attendre mon arrivée au pays pour te donner signe de vie et surtout pour te communiquer une résolution prise à l'occasion de ta maladie. Le matin même du jour de mon départ de Paris j'ai promis à Dieu de **mourir à Saint-Séverin**. On n'était pas sans me faire entendre qu'un jour ou l'autre je pourrais bien être nommé curé d'une paroisse plus importante. Sans être ambitieux, ces idées agitaient parfois mon frêle cerveau. A l'heure présente, Dieu me fait la grâce d'apprécier toutes ces grandeurs à leur juste valeur : des bulles de savon.

« Et j'ai dit à Notre-Dame de Sainte-Espérance : Arrière toutes ces pensées. Bonne Vierge, **je veux mourir** à l'ombre de votre sanctuaire. Vous avez tant fait pour moi !

« Puis, où trouver des conditions plus heureuses pour bien mourir que celles qui me sont faites ? Je mets donc tout à vos pieds. En retour bénissez mon frère, rendez-lui la santé, et surtout que ses souffrances chrétiennement acceptées retombent en bénédictions sur lui et sur tous ceux qui lui sont chers.

« Cette résolution prise, j'ai senti depuis, un calme, une paix inexprimables. Ah! comme Dieu nous rend au centuple les sacrifices que nous nous imposons et que nous acceptons. Courage donc et confiance. Dieu, n'en doute pas, sera avec nous. Prions surtout Notre-Dame de Sainte-Espérance, Bonne mère, je vous en supplie, soyez avec nous!

« Embrasse pour moi tout ton monde. Aujourd'hui plus que jamais, tout à toi. »

Il paraît difficile d'être plus attaché à sa paroisse et d'offrir un exemple plus complet de dévouement pastoral et de charité fraternelle. Voilà le vrai curé heureux de vivre et de mourir au milieu des ouailles confiées à ses soins.

CHAPITRE VI

SON CARACTÈRE

Nous naissons tous avec des inclinations naturelles qui se révèlent dès nos premiers pas dans la vie. Les uns sont doux, tempérés, compatissants et dévoués. Les autres, au contraire, violents, emportés, égoïstes, concentrés en eux-mêmes et personnels.

Voilà l'œuvre de la nature; mais la grâce divine nous aide à développer nos qualités, et à combattre nos défauts, c'est l'œuvre de Dieu qui nous appelle à la sainteté.

La nature crée ce que nous nommerons ici le caractère, et la grâce fait germer et fleurir en nous les vertus divines et humaines. Voilà ce qui nous porte à étudier dans ce chapitre le caractère et dans le suivant, les vertus du bon et pieux abbé Castelnau.

Tout ce que nous avons rapporté jusqu'ici de sa vie, nous permet de constater qu'il était doué d'un heureux caractère et d'une humeur enjouée.

Bon, jovial, enthousiaste, dévoué, affable et compatissant, il a eu le bonheur de se concilier des sympathies fortes, nombreuses et durables.

Le chagrin réel que sa mort a causé et les regrets qu'il a

laissés sont la meilleure preuve que l'on puisse invoquer en sa faveur.

Bon au point de ne jamais faire de peine à personne, il a eu le rare privilège de penser qu'à sa mort il n'avait pas d'ennemis.

Plein d'égards et de bienveillance pour les employés de l'église, il avait su gagner leur affection et leur dévouement. A la fin de sa vie, désirant savoir ce qu'on dirait de lui lorsqu'il aurait disparu, il s'adressa à l'un deux, comme le divin Maître à ses disciples; et par anticipation son oraison funèbre fut courte, mais sincère et naïve. « On dira que vous fûtes un brave homme et un bien bon curé. » Cet hommage que sa vie justifie rendu à sa bonté parut lui être agréable, car il ne fut pas sans le répéter.

Nous retrouvons encore une preuve de sa bienveillance envers les domestiques dans une lettre écrite à Mme Sinoquet, sa nièce, le dimanche 8 juillet, et dans laquelle il raconte les derniers moments de la vieille bonne qui avait servi sa mère : « Marie, qui avait servi de si longues années ma pauvre mère, est morte ; et j'ai eu la douloureuse consolation de l'administrer. On l'a enterrée dimanche dernier ; et de ce que c'était une brave fille, universellement estimée, toute Labessonié, catholiques et protestants, assistait à son convoi. Les funérailles de M. Carnot étaient plus tapageuses ; celles-ci plus religieuses. A l'heure présente, s'il m'était donné de choisir une destinée, je choisirais de préférence celle de cette humble fille. »

Ses collaborateurs eurent à se louer de ses procédés toujours délicats et de sa douceur inaltérable. Les observations à faire étaient pour lui un véritable supplice.

Lorsque par hasard poussé à bout par la nécessité, il était obligé de faire une remarque, on sentait qu'il en souffrait plus que celui qui l'avait méritée. Il s'éloignait rapidement et quelques instants après il trouvait le moyen ou faisait naître l'occasion de prouver qu'il avait tout oublié.

La bonté était certainement le trait saillant de son caractère. Et même pour être sincère on peut et on doit dire qu'il était trop bon, car il est à craindre qu'il n'ait poussé cette qualité jusqu'à la faiblesse.

Des incidents fâcheux se sont prolongés qu'il aurait pu peut-être prévenir ou réparer par un peu de fermeté. Je dois cet aveu à la promesse de sincérité que j'ai faite en écrivant ces lignes. Un homme peut être saint et vertueux malgré certains défauts qui souvent ne sont que l'excès de ses qualités.

Il était bon pour les enfants, une lettre datée du vendredi 23 août 1889, renferme quelques légers détails qui les concernent. « C'est vers le milieu de la semaine prochaine que je compte partir et arriver à Montredon vers la fin de l'autre semaine, quand les perdreaux seront bons à mettre à la broche. Et notre jeu de croquet ? Avez-vous fait préparer les bois ? Pour qu'ils se conservent plus longtemps, ayez l'attention de les faire goudronner, afin que l'humidité ait moins de prise. Je me fais une fête de faire une partie avec Paul et son petit ami Joseph. D'ici mon arrivée qu'ils s'exercent aux boules, c'est le jeu des sages. »

Dans ses promenades au pays, il s'entourait d'une armée de jeunes gens, et partait en excursion avec eux parlant à celui-ci, appelant celui-là, grondant les uns, félicitant les autres, riant et chantant avec tous, aimé et compris de ces jeunes natures dont il avait su entretenir et partager l'enthousiasme.

Par sa gaîté et son entrain il rendait son commerce doux et facile. Son habileté à raconter une histoire était légendaire, et jusqu'à la fin, son imagination vive, son style fleuri et imagé ont été un véritable trésor pour son entourage.

Ses lettres portaient l'empreinte de son gai caractère. Le jeudi 2 janvier il écrit de Rome à une paroissienne : « C'est dimanche au soir que je compte quitter Rome après avoir assisté à la cérémonie de canonisation, afin de me rendre compte comment cela se passera quand viendra le tour de P... à condition qu'elle adoucisse son caractère. »

A la même il adresse le samedi 14 septembre, de Montredon, ces lignes : « Nous voici à peu près en famille dans la douce montagne. Je dis à peu près puisque mon frère Oscar et Mme Esnault manquent à l'appel. Nous espérons les recevoir dans quelques jours et alors la réunion sera au complet. Nous y passons fort heureusement notre temps, l'air y est si pur, le ciel si ouvert, les sites si pittoresques ! Tous les jours en excursions, toujours variées et toujours ravissantes. Il est difficile de passer plus agréablement ses vacances... Nous serions heureux de vous voir au milieu de nous, ce rêve se réalisera, et vous reconnaîtrez alors par vous-même que tout ce qu'on disait de cette douce montagne est au-dessous de la réalité; cependant, pour rester dans la vérité, je reconnais que je parle de ma montagne comme les mères parlent de leurs enfants avec prévention. Et cependant, je reviens à mon dire, elle est fort belle, fort douce aux cœurs qui l'ont habitée dans leur enfance.

Marguerite attend avec impatience de vos nouvelles; sans être malade, elle était un peu souffrante avant son départ, mais ici elle a retrouvé pleine et parfaite santé. J'ai entendu parler de plusieurs kilos d'embonpoint. Le séjour de la montagne lui a toujours été singulièrement propice. Il y a deux ans, elle a gagné six kilos de graisse, c'est beaucoup pour un mois de travail. Quand vous viendrez, nous vous ferons courir afin de vous maintenir dans votre heureux milieu. Ni trop ni trop peu. »

La vue d'une personne affligée d'embonpoint remettait parfois sur ses lèvres ce vers d'un poète :

> Sur deux fuseaux obtus son gros corps se balance.

Il prêtait gratuitement à sa bonne une remarque dont il était l'auteur : « Si je reviens sur la terre après ma mort, je me ferai employé d'église, car, lorsque j'en vois un, je pense que ce n'est pas seulement un homme heureux, mais la béatitude qui passe. »

Il racontait comment il avait lors de sa première maladie converti le Bon Dieu.

« J'avais fait à Dieu mon sacrifice. Mais quelque temps après, je me ravisai, et je Lui fis observer que nous aurions intérêt tous les deux à ce qu'Il prolongeât ma vie de quelques années. M. Demy vint un jour et me dit : « J'ai trouvé le remède qui doit vous guérir. Je promets de « donner à l'église un beau maître-autel, mais à cette condi- « tion : que M. le Curé y dira le premier la messe. » Dieu accepta. De plus je dis au bon Dieu : J'ai encore des projets à réaliser pour votre église. J'ai bien à déplorer quelques misères, mais l'absolution effacera tout cela, resteront mes petits mérites qui ajouteront à mon bagage quand je paraîtrai devant vous. Et, tout compte fait, nous y gagnerons tous les deux. »

Sa calvitie très prononcée lui était un sujet de fréquentes plaisanteries.

« Chaque matin, disait-il, je songe que pas un cheveu n'est tombé de ma tête sans une permission de Dieu. Merci, mon Dieu, d'avoir si souvent pensé à moi! » Un de ses vicaires, aujourd'hui curé dans Paris, lui répondit un jour : « Je connaissais les *oraisons jaculatoires*, mais j'ignorais les oraisons épilatoires. ».

Les meilleures familles de la paroisse étaient heureuses de le recevoir à leur table et de le posséder pendant quelques instants qui paraissaient trop courts. Il s'appliquait à donner à la conversation un charme, un intérêt et une gaîté uniques. Presque toujours il savait tirer d'un trait plaisant, une leçon indirecte de morale ou de religion. Lorsqu'il fallait retenir des quêteuses, il avait une habileté pour saisir ou faire naître l'occasion de les inviter, une finesse pour résoudre leurs objections, et une bonhomie pour les convaincre et obtenir leur consentement qui triomphaient des plus réfractaires. Parfois la répartie fut un moyen dont il se servit pour se dérober à un embarras, et une arme qu'il utilisa pour se défendre.

Pendant la Commune, menacé lui même, M. l'abbé Castelnau ne dut son salut qu'à sa présence d'esprit. Un jour, en particulier, il fut interpellé par un garibaldien en chemise rouge qui lui demandait : « Citoyen curé, de quel droit portez-vous ce costume? » Car on doit faire observer à sa louange que, insensible aux prières comme aux menaces, jamais il ne voulut quitter la soutane et revêtir un habit civil, « mais, lui répondit l'abbé Castelnau, qui mit les rieurs de son côté, je puis bien m'habiller en prêtre, puisque vous vous habillez en cardinal ».

En chaire, trop souvent peut-être, au gré des auditeurs sérieux, il se permettait de les faire rire et profitait de leur hilarité pour glisser une vérité pénible à entendre, une bonne action à faire, ou un gros sacrifice à accepter.

Pour annoncer ses quêtes, en particulier, les formules les plus originales lui étaient familières.

« L'habit ne fait pas le moine, mais il l'orne »... et il demandait pour l'habillement des enfants pauvres de la première communion.

Il serait impossible de citer tous les traits d'esprit que nous avons entendus, qui, spontanés et heureux, faisaient le charme de sa conversation.

Il comparait encore le vicaire désirant une cure, à une jeune fille aspirant au mariage, et disait que tous deux étaient loin de trouver dans la position recherchée et obtenue, le bonheur qu'ils avaient rêvé.

Ses écrits portent les traces nombreuses de sa bonne humeur. Quelques extraits de ses lettres peuvent nous en donner une idée. « Je suis arrivé à temps et à bon port à Rome, mais non sans péripéties. La neige avait interrompu les chemins de fer, et depuis que j'ai mis le pied sur cette terre d'Italie *où fleurit l'oranger, j'ai trouvé partout neige et frimas.* »

Le jeudi soir, 1er octobre, il écrit : « Nous voici à Chambéry où nous sommes arrivés à fort bon port. Jusqu'ici mon voyage a été à souhait et tout me porte à espérer qu'il en sera de même jusqu'à la fin. Bien entendu, *les frais* d'amabilité sont les *seuls* qu'on me permette. Je vous laisse à penser si, à cet endroit, je suis en reste. Nous avons passé la nuit seuls, sans compagnon de voyage. A Ambérieu, sur les huit heures, deux *Anglais* sont entrés dans notre compartiment, et chose que vous aurez de la peine à croire, ces deux Anglais étaient *gens fort aimables.* »

Nature ardente et enthousiaste, il sent vivement, et dépeint avec art ses fortes impressions. Sa correspondance est le miroir fidèle où se reflète le fond de son âme. C'est là que nous irons puiser les documents certains qui nous permettront d'étudier encore avec fruit les précieuses qualités de ce beau caractère.

De Rome il écrit à M. Oscar sonfrère : « J'arrivais à Rome dimanche matin sur les huit heures. Je n'avais que le temps de déposer mes effets à la consigne et de courir à Saint-Pierre où j'ai pu jouir d'un de ces spectacles indescriptibles ; un enthousiasme dont il est impossible de se faire une idée. Soixante mille personnes vociférant le vivat, agitant mouchoirs et chapeaux, et puis au moment de la bénédiction un silence si profond que la voix de l'auguste vieillard arrivait jusqu'au dernier recoin. Quelle émotion, et que de larmes versées ! Oh ! que la foi est un grand bien, et que les âmes qui ne l'ont pas sont à plaindre !..... En récitant mon rosaire à Saint-Paul, j'ai eu comme de raison, un souvenir particulier pour le cher petit Paul, afin qu'il ne grandisse que pour être votre douce joie. »

De Rome encore le samedi 10 octobre, à 5 heures du matin, il trace ces lignes adressées à sa belle-sœur : « Je dois me rendre à Saint-Pierre où j'aurai, à 7 heures, le bonheur de dire la Sainte Messe dans la chapelle souterraine! Que de souvenirs! Cette basilique d'une magnificence..... non, on ne peut s'en faire une idée! Et puis, que de richesses entassées! que de chefs-d'œuvre! l'imagination ne peut rien rêver de pareil. J'ai visité le Colysée jeudi soir seul!..... Que d'émotions au pied de la modeste croix élevée au milieu de l'arène!..... J'ai baisé avec amour et les yeux pleins de larmes cette terre arrosée du sang de tant de martyrs : J'entendais ce cri féroce : « Les chrétiens aux lions ». C'est là que pour donner des émotions à six cent mille oisifs on égorgeait des victimes par milliers. »

Dans une lettre écrite au crayon et adressée également à sa belle-sœur nous lisons : « Du haut de la flèche de la cathédrale de Milan, 486 marches! ce mardi 4 heures. Ma chère Louise. Je ne puis vous dire l'admiration qu'excite en moi ce bijou qu'on appelle la cathédrale de Milan! non il n'y a rien de pareil au monde. J'ai sous les yeux (ne parlons pas du panorama, c'est chose indescriptible! quelques mots seulement de l'œuvre sortie de la main des hommes). J'ai sous les yeux cent quarante-cinq aiguilles portant chacune dans des niches ornementées, vingt-quatre statues de marbre, vrais chefs-d'œuvre! huit mille fleurs variées (et toujours en marbre) formant la pointe des balustrades dentelées!! Dites à Mme Berly que sa cathédrale me ravit! me transporte! »

A la même : « C'est perché au plus haut de la cathédrale de Saint-Sébastien que je vous écris en courant, et sur mes genoux, ces lignes : d'un côté les Pyrénées avec leurs pics et leurs fraîches collines; de l'autre l'Océan avec ses vagues azurées et son immensité... Par un coucher de soleil splendide! Que n'êtes-vous ici avec nous? »

De Chambéry il écrit à sa famille : « Ce voyage d'Ambérieu à Chambéry a été charmant. Les sites sont si pittoresques! ces petits lacs azurés si charmants! Et puis ce splendide lac du Bourget. Ces environs de Chambéry, ces cascades d'autant plus abondantes que depuis huit jours l'eau tombe à torrents. Tout cela me ravit; il ne manquerait rien à mon bonheur si je visitais ces grandes merveilles de la nature en compagnie de tous ceux que j'aime. »

Mais il conserve ses plus tendres affections pour son pays. « Chère madame. J'ai voulu attendre d'être rendu dans ma douce montagne pour répondre à votre si aimable lettre. Notre voyage a été à souhait. J'ai revu avec bonheur ma bruyère, mon clocher à jour et touché non sans émotion le seuil paternel. Il fut un jour où mon bon père et ma chère mère étaient là pour m'attendre. Aujourd'hui plus que le souvenir. Ah! comme la vie parfois est triste! Et cependant ce serait ingratitude de me plaindre, Dieu m'a accordé tant de grâces! Ah qu'on est heureux quand on peut encore embrasser sa mère! »

Le nombre des années n'a pas altéré la fraîcheur de ces sentiments. Nous l'avons vu jusqu'à la fin, le cœur jeune, l'imagination vive et l'âme très ardente.

CHAPITRE VII

SES VERTUS

M. l'abbé Castelnau possédait les vertus qui font les bons prêtres : une foi profonde, une charité sans bornes et une tendre dévotion envers la Très Sainte Vierge.

Une rencontre passagère suffisait à convaincre les étrangers qu'ils se trouvaient en présence d'un croyant convaincu, d'un prêtre selon le cœur de Dieu, et d'un représentant de Jésus-Christ qui prenait au sérieux sa mission. En public comme dans l'intimité, partout et toujours il fut un *vrai prêtre*.

Dans ses conversations on admirait sa foi vive, simple, entière et communicative.

Il serait impossible d'énumérer toutes les circonstances dans lesquelles cette belle vertu s'est manifestée. Il faudrait rappeler un à un tous les actes de sa longue carrière, étudier toutes ses démarches et citer toutes ses paroles, car tout en lui était inspiré par la foi. Cette vertu capitale fut toujours le flambeau qui dirigea ses pas, dans le chemin de la vie. Il rapportait tout à Dieu, ses joies et ses peines, ses espérances et ses déceptions.

Sa pensée dominante était celle de l'éternité, celle qui revenait sans cesse sur ses lèvres. Lorsqu'il traitait une affaire, presque toujours il disait en terminant : « Remettons cela entre les mains de Dieu. » S'il avait obtenu une grâce particulière, son premier soin était d'en remercier le Seigneur.

Quelque temps avant la mort de son frère, il voyait, avec douleur, la maladie faire de rapides progrès, et il priait avec ferveur pour obtenir sa guérison. Un dimanche pendant qu'il portait le Saint-Sacrement en procession, il ne cessait de répéter, chemin faisant : Seigneur, si vous voulez, vous pouvez le guérir. Mon Dieu! que votre sainte volonté soit faite. Le diacre et le sous-diacre qui entendaient les supplications du bon curé, s'expliquèrent le sens de cette prière, souvent réitérée dans le cours de la même procession, lorsqu'ils apprirent le malheur qui le menaçait.

Ses larmes trahirent souvent son émotion et l'ardeur de sa foi. Désireux de faire passer dans l'âme de ses interlocuteurs les sentiments qui remplissaient la sienne, il parlait avec une onction et une conviction telles, qu'il triomphait des natures les plus froides et des caractères les plus indifférents. Il persuadait parce qu'on sentait que ses paroles étaient l'écho des sentiments les plus intimes de son âme croyante.

Il est facile d'en fournir la preuve. Le mardi 18 septembre 1888, il annonçait à une paroissienne de Saint-

Séverin l'affreux malheur qui allait fondre sur lui. Il tint alors ce langage qui respire la résignation chrétienne et une force d'âme que la foi seule peut donner : « J'ai dû quitter précipitamment le pays, et rentrer à Paris où m'appelait mon pauvre frère qui est dans un état désespéré... Je suis arrivé samedi soir, 15 septembre, mon frère avait voulu recevoir, le matin, dans la plénitude de sa raison les derniers sacrements, avec des dispositions admirables.

Sa résignation est héroïque. Son premier mot a été de me dire : Je suis prêt et tout à Dieu. Un miracle seul peut me tirer de là, je ne le demande pas. Je sais que je ne serai jamais dans de meilleures dispositions pour bien mourir. Mon Dieu, que votre sainte volonté soit faite, et non pas la mienne.

Il souffre beaucoup, jamais une plainte ne tombe de ses lèvres. Ma douleur est grande, mais consolée. Je ne puis que bénir Dieu de le retirer de ce monde dans ces conditions. Puissent tous ceux que j'aime mourir ainsi. Ne laissez pas de prier pour lui, et que son exemple ne soit pas perdu pour nous. »

Le 23 septembre il adressait à la même personne ces lignes inspirées aussi par la foi : « Mon frère est de jour en jour plus héroïque. Je lui ai apporté, ce matin, la Sainte Communion, il avait une figure de prédestiné. Il avait passé une partie de la nuit à se préparer, et meurt comme un saint. Il serait heureux d'embrasser Henri qui est en route et qui doit arriver mercredi. J'espère que Dieu lui accordera ce bonheur. Mais déjà quelle grâce dans cette résignation. Puissent tous ceux que j'aime quitter cette terre dans ces dispositions. »

Le samedi 29 septembre, il écrivait encore dans un des moments les plus douloureux de sa vie : « Mon frère s'affaiblit de jour en jour, mais sa foi et sa résignation restent admirables.

Henri est arrivé mercredi soir, grande grâce pour le père et pour l'enfant, Henri doit communier demain pour son pauvre père, c'est vous dire qu'il est dans les meilleurs sentiments.

Sous le coup de cette cruelle épreuve, Dieu nous donne de grandes consolations. L'important n'est pas de vivre longtemps et heureux sur cette terre, mais d'en bien sortir. Ne laissez pas de prier et de faire prier. »

Témoin ému des derniers moments de M. l'abbé Aoustin, mort second vicaire de Saint-Séverin, il aimait à rappeler l'acte de foi prononcé par ce bon prêtre le jour de sa mort. Il lui porta pour la dernière fois le Saint Viatique et le pieux agonisant laissa tomber de ses lèvres mourantes, ces paroles : « Mon Dieu, ce matin, je vous adore sous le voile des saintes Espèces; ce soir, je vous verrai tel que vous êtes. » Voilà le cri de la foi entendu et compris par un saint prêtre.

Son esprit de foi lui inspirait un grand respect pour les décisions de l'autorité. Esclave du devoir il pensait que la première vertu d'un prêtre est l'obéissance et la soumission à ses supérieurs. Il accueillait ses collaborateurs, choisis ou imposés, par ces paroles : « *Benedictus qui venit in nomine Domini.* Béni soit celui qui vient au nom du Seigneur. » Puis il conduisait le nouveau venu à l'asile des petits enfants, allait avec lui à la chapelle de Notre-Dame de Sainte-Espérance, la prier de bénir son ministère, et le nouvel ouvrier se mettait à l'œuvre sous ces heureux auspices.

Redoutant l'égoïsme, il acceptait de se séparer d'un vicaire lorsque l'intérêt de celui-ci l'exigeait. Il disait alors : « Je cultive la vigne du Seigneur dans son ensemble. Je me sépare volontiers d'un auxiliaire si l'on juge qu'il doit être plus utile ailleurs. »

La charité est une conséquence nécessaire de la foi, c'est pourquoi M. l'abbé Castelnau, dont la foi était vive, fut très charitable.

Il avait horreur de la médisance, ne voulait pas croire au mal, excusait les coupables, et faisait rompre promptement les conversations contraires à la charité. Tous ceux qui l'ont connu peuvent rendre de lui ce précieux témoignage, qui à lui seul vaut un long discours, jamais on ne l'a entendu dire du mal de personne.

Nous savons que loin de prêter une oreille complaisante aux médisances et aux calomnies qui trop souvent sont la honte et le malheur de certains milieux, il a toujours pris la défense de ses prêtres, ayant à cœur de sauvegarder la justice et de faire triompher la vérité. Merci à vous, bon et cher curé, au nom des prêtres que vous avez connus et aimés pendant le temps qu'ils ont vécu sous votre douce autorité !

Merci au nom de ceux que vous avez défendus et protégés ! Merci ! et leur reconnaissance doit vous survivre, car si votre voix éteinte n'est plus là pour protester, du moins le souvenir de votre charité subsistera longtemps. Et si votre parole n'a pas toujours été entendue, vous n'en avez pas moins eu le mérite d'avoir fait votre devoir !

Heureux de rendre service M. l'abbé Castelnau manquait rarement l'occasion de témoigner sa charité.

Nous lisons dans le *Gaulois*, le 23 mars 1875 : « Du temps où il était vicaire à Saint-Germain l'Auxerrois, Paris eut à souffrir plusieurs épidémies cholériques, l'abbé Castelnau dans ses visites aux malades, relevait les manches de sa soutane, et comme un simple infirmier, frottait le corps des pauvres pestiférés pour y rappeler la chaleur et la vie. Inutile de dire que ces exploits d'ardente charité ont rendu le prêtre, aujourd'hui curé, très populaire dans tout le quartier des bords de la Seine.

Le 18 octobre 1870 il obtenait du lieutenant-colonel qui commandait le septième régiment mobile (Tarn) l'autorisation de porter à ses compatriotes les secours de son saint ministère.

Voici en quels termes flatteurs le colonel lui adressait un laissez-passer :

Garde nationale mobile.

7e régiment d'infanterie.

Le lieutenant-colonel commandant.

Monsieur l'Abbé,

J'ai bien vivement regretté de manquer votre bonne visite, et je suis désolé que vous ne puissiez résider parmi nous. Du moins votre zèle ne veut pas rester inactif, et je ne doute pas que mes braves gardes mobiles ne vous fournissent bien volontiers l'occasion de l'employer. Voici le laissez-passer que vous me demandez. Je souhaite vivement qu'il vous serve bientôt à venir nous voir. »

En même temps il recevait la pièce ainsi conçue :

« Laissez circuler tous les jours dans les camps et cantonnements de Montreuil M. l'abbé Castelnau.

Montreuil, le 18 octobre 1870.

Lt-Col. Rul.

Sur cette pièce nous lisons la note suivante écrite de sa main : Les soins donnés à nos mobiles du Tarn sont un des souvenirs les plus consolants de ma vie sacerdotale.

B. C.

Sa charité le rendait ingénieux et lui inspirait de pieuses industries capables de lui assurer le concours des familles riches qui pouvaient l'aider dans ses œuvres. Complaisant et empressé il s'appliquait à gagner les sympathies des personnes qu'il pouvait aborder, pour un mariage, un baptême, un enterrement, une messe à inscrire, un *ex voto* à placer. Après leur avoir fait adroitement subir, sans qu'elles s'en doutent, un véritable interrogatoire, dès qu'elles étaient parties il consignait avec soin sur un registre qui fut, par son ordre, brûlé après sa mort, leur nom, leur adresse et les renseignements qu'il venait de prendre. Muni de ce dossier secret, il savait à propos se rappeler à leur souvenir, et leur offrir à temps l'occasion de faire une bonne œuvre.

En chaire pour rappeler gaiement le précepte de l'aumône il disait : « J'ai la foi et l'espérance, et pour ne pas tout prendre, je laisse à mes paroissiens la charité. »

Nous savons qu'il a, pendant son ministère à Saint-Séverin, dépensé plus d'un million de francs, recueillis péniblement, dont il pouvait justifier l'emploi dans une liasse volumineuse de mémoires acquittés.

Trompé par des aventuriers qui avaient surpris sa bonne foi, il était insensible aux discours des mendiants de profession. Presque inévitablement, ces successeurs du Juif errant se plaignaient, selon la formule, de n'avoir pas de travail. Il leur répondait aussitôt : « Profitez de vos *loisirs* pour aller dans des paroisses plus riches. Ici nous avons les plus grandes peines à secourir les pauvres qui habitent sur la paroisse. Je ne dis pas que votre position ne soit pas digne d'intérêt. Faites-vous connaître à nos bonnes sœurs, c'est par elles que je distribue les secours. » Et ils se retiraient avec un bon conseil qu'ils ne suivaient presque jamais, connaissant trop l'issue de l'enquête que se réservent nos religieuses.

Tendre et généreux pour les vrais pauvres, il était heureux de venir en aide à une réelle infortune. Voici un fait pris au hasard. C'était au mois d'août 1886, une personne qu'il avait connue dans une situation brillante fut tout à coup précipitée dans le malheur, grâce à l'infâme conduite de son frère. Elle vint le trouver, et, enhardie par sa bonté, elle lui dit : « J'ai besoin d'argent... — Je vais vous en donner de suite... Au fait, non, dit-il, je n'en ai pas assez. Revenez demain, M. le Premier Vicaire doit me donner le casuel des mariages, je vous en consacrerai une partie. »

Voilà bien le prêtre charitable, désintéressé, vivant au jour le jour et confiant en la divine Providence.

Suivant le conseil du divin Sauveur, il était indulgent pour les pécheurs.

Citons un exemple choisi entre mille. Un jour, prévenu à l'avance par la sœur d'un moine tombé, il reçut la visite de M. Loison, ex-père Hyacinthe. En l'abordant, le bon curé lui dit : L'usage de Saint-Sulpice permet de s'embrasser après une longue absence. — Merci, répond le renégat, de ne pas avoir pour moi le mépris que me témoignent un trop grand nombre d'anciens camarades. — Mais le mépris est le sentiment le moins chrétien... Je me rappelle qu'allant vous voir dans votre chambre à Issy, lorsque vous étiez malade, vous me fîtes lire un passage que vous veniez d'écrire, sur les grandeurs de la paternité, dans lequel se trouvait cette prosopopée : O sainte paternité, je t'aime et... Je vous dis alors : Mon ami, quand on écrit ces choses-là, on ne se fait pas père de la Miséricorde, mais père de famille. Ensuite le malheureux défroqué lui dit en montrant la photographie de son enfant qu'il appelait *le petit moine :* « Il y a deux choses que je ne puis accepter dans la doctrine catholique : le dogme de l'Immaculée Conception et le célibat ecclésiastique. » Et le bon curé lui répondit avec une pointe d'ironie qui portait juste : « A la rigueur vous passeriez volontiers sur le dogme si l'Eglise permettait le mariage des prêtres. » Après cette leçon indirecte et douce, le visiteur se retira, heureux et reconnaissant d'avoir rencontré une fois de plus sur sa route un prêtre humain, indulgent, charitable et compatissant.

Pendant sa vie entière il fut pour tous un modèle de foi vive, de charité fraternelle, de désintéressement absolu et de confiance aveugle en la très sainte Vierge.

Nous avons été témoin de sa piété envers notre Mère du ciel, surtout chaque année pendant le mois de Marie et le mois d'octobre dont il ne manquait pas un exercice. Ainsi après sa première maladie il écrivait de Montredon, le 3 juillet 1893 : « Mes bons docteurs qui m'ont tiré d'un si mauvais pas, m'ont fait tant de remontrances, fait si fortement appel à ma conscience, que j'ai dû me rendre à leurs ordres, mais je rentrerai certainement pour le mois du Rosaire. Je dois tant à la sainte Vierge. »

Ses paroles et ses écrits en sont pour ainsi dire tout imprégnés.

Il aimait à dire : « J'accepterais qu'il y eût des paroisses plus riches, plus charitables ou plus importantes que Saint-Séverin, mais je ne souffrirais jamais qu'il y en eût une seule où la sainte Vierge fût mieux aimée. »

Il a ainsi maintes fois raconté ce fait : « Le Père de Ravignan, prêchant une retraite au petit séminaire de Saint-Nicolas, répondait du salut d'une âme qui chaque jour réciterait une dizaine de chapelet. Je trouvais, disait-il, que c'était acheter le ciel à bon marché. Mais en y réfléchissant, j'ai compris qu'il avait raison. Comment voulez-vous que la très sainte Vierge oublie celui qui par dix fois lui aura dit, chaque jour : Sainte Marie, Mère de Dieu, priez pour moi, pauvre pécheur, maintenant et à l'heure de ma mort. Il est impossible que la sainte Vierge l'abandonne à son heure dernière. »

Dans presque toutes ses lettres, il a un filial souvenir pour la bienheureuse Vierge Marie. Dans une lettre datée du 3 août, nous trouvons cette remarque : « J'attends un temps plus favorable pour inaugurer la tente azurée. Nous avons le projet d'y aller déjeuner *samedi*. J'ai choisi le samedi à dessein. Le samedi est un jour que j'affectionne, c'est le jour consacré à la sainte Vierge, c'est le jour des grandes entreprises et des doux souvenirs. »

Le 3 juillet, à une paroissienne il écrit : « J'ai tant d'actions de grâces à rendre à Notre-Dame de Sainte-Espérance ! Aidez-moi à la remercier. »

Le 8 septembre, à une autre dame de la paroisse, il écrit de Montredon : « Quinze personnes communiaient ce matin à ma messe ; la dévotion à la sainte Vierge a jeté dans la montagne des racines plus profondes depuis l'inauguration de notre belle statue de Notre-Dame de Bonne-Espérance. »

C'est en effet le 2 février 1869 au milieu d'un enthousiasme indescriptible, que fut inaugurée solennellement, à Labessonnié, la statue de Notre-Dame de Bonne-Espérance, aux pieds de laquelle repose notre bon curé de Saint-Séverin. Toute la population catholique et protestante prit part à cette religieuse et consolante cérémonie. La statue en pierre mesure deux mètres de haut. Cinq paires de bœufs furent attelées à un chariot pour la monter de Castres à Labessonnié. Avant de la bénir et de la dresser sur son piédestal, on la conduisit en procession sur un char disparaissant sous la verdure, les guirlandes, les fleurs, les dentelles, et traîné par les jeunes gens du pays. Ils avaient tenu à promener en triomphatrice autour de leur village, la Vierge, qui désormais serait une source de bénédictions pour eux et leurs familles.

M. l'abbé Castelnau conserva religieusement, avec bonheur, le souvenir de cette touchante cérémonie. Pour lui, la Très Sainte Vierge était bien Notre-Dame de la Sainte-Espérance. Aussi, pour la vente et le sermon de charité il déposait à ses pieds ses lettres de quêtes afin d'en mieux garantir le succès.

Non content d'avoir fait graver par Teissonnière le cachet de première communion qui représente l'intérieur de notre belle église, comme il avait fait à Saint Germain l'Auxerrois, il voulut encore faire graver l'image de Notre-Dame de Sainte-Espérance en petit format pour en faire à tout venant une abondante et fructueuse distribution.

Il a aimé tendrement la Très Sainte Vierge, aussi Elle le prit sous sa protection jusqu'au dernier instant, car c'est le 12 mai, à midi, c'est-à-dire un *samedi* du *mois de Marie*, à l'heure de l'*Angelus*, qu'il rendit son âme à Dieu.

Cette triple coïncidence, fortuite en apparence, semble être la consécration suprême et la récompense méritée de sa dévotion envers la Très Sainte Vierge.

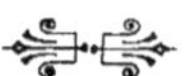

CHAPITRE VIII

SES CONSEILS DE DIRECTION

Un prêtre comme M. Castelnau devait être un directeur précieux, dont la piété édifiait tout autant que la parole. Nous écouterons, à ce sujet, les âmes qu'il a conduites par ses conseils, et fortifiées par ses exemples. Il fut le père des âmes. Si l'on peut dire que la meilleure partie de sa vie fut absorbée par le soin de toutes les misères, il est vrai d'affirmer que son active charité consacrait tout le reste de son temps au soin plus sublime des misères spirituelles dans le saint ministère de la direction. Pour pénétrer ce qu'il fut dans le secret du saint tribunal, il faudrait en obtenir la révélation des âmes sans nombre qui furent, durant de longues années, l'objet de sa patiente et paternelle direction. Le voile d'un saint mystère plane sur ce champ vaste et fécond des labeurs sacrés de l'ouvrier évangélique. Néanmoins, grâce aux bienveillantes révélations que nous ont faites plusieurs de ses dirigées, nous pourrons apprécier la sagesse des conseils intimes que le bon curé donnait aux âmes qui se confiaient à lui.

Nous aimons à nous rappeler ses maximes favorites souvent redites en public comme en particulier.

« Une fois entrés dans la vie il n'y a pour nous que deux issues possibles : ou le ciel ou l'enfer. Il importe de choisir. »

Le ciel n'est pas seulement un bonheur, c'est une récompense qu'il faut mériter. Le ciel ne se donne pas, on le gagne. Il n'y a que les cœurs généreux qui l'emportent comme d'assaut, *Regnum cœlorum* **vim** *patitur...* »

« La vie présente est une vie mourante, un trompe-l'œil, la vie réelle est celle qui nous attend. »

« Le bien que l'on a, la mort le prend, le bien que l'on fait, le ciel le rend. »

« Il faut aller au ciel en famille. »

« La religion applaudit à l'homme qui par son travail et son énergie sait s'assurer pour sa vieillesse une modeste aisance et se mettre à l'abri du besoin. Ayons de quoi vivre et surtout de quoi mourir. »

« La plus longue vie ne nous est donnée que pour préparer cette heure décisive de notre mort d'où dépend notre bonheur ou notre malheur éternel. »

« Pour détacher le cœur de l'homme, il n'est pas besoin d'une tempête, un regard quelquefois, un geste suffisent. En sens contraire la moindre chose peut arrêter une âme et l'attacher à Dieu pour toujours. »

Ses maximes déjà projettent une vive lumière sur la question qui nous occupe et nous permettent de mieux étudier dans M. l'abbé Castelnau sa prédication et sa direction à la suite d'une de ses pénitentes.

« L'homme vit beaucoup par le cœur », lui avons-nous « souvent entendu dire ; aussi était-ce toujours au cœur « que s'adressait M. le curé et ce fut là le secret de son

« succès auprès des âmes. Nul mieux que lui ne sut « trouver ce chemin du cœur et ne connut mieux ses res- « sources auxquelles il savait faire appel. « Je frappe à la « porte », disait-il. Avec la sûreté que la grâce de Dieu lui « rendit particulière il frappa toujours juste.

« Bien au bon Dieu », répétait-il assidûment. C'était tou- « jours là son adieu et comme le cri de son âme qu'il jetait « avec une émotion contenue. Sur la fin de sa vie il ne « parlait plus du bon Dieu que les larmes aux yeux. Nous « l'avons vu aux saints exercices du Carême fondre en « larmes aux souvenirs douloureux qu'ils rappellent ; sa « physionomie reflétait une souffrance si visible qu'on « pénétrait sa douleur toute sacerdotale; son regard attristé « cherchait les absents tandis qu'il souffrait de l'indiffé- « rence et de l'oubli avec la sensibilité d'un cœur qui res- « sent puissamment. « Ma plus douce satisfaction est de « voir ceux que j'aime aller à Dieu, » confiait-il dans une « heure d'abandon; cette satisfaction ne lui fut jamais « refusée : il se la donnait lui-même, grâce à une direction « large, intelligente et éclairée qu'il sut rendre particulière « à chacun.

« Dans le secret du confessionnal son âme se révélait « tout entière, ardente en l'amour de Dieu, passionnée pour « le bien et l'avancement spirituel des âmes; son éloquence « entraînait, son émotion se faisait communicative ; sa « parole était brève, saccadée : c'était comme le trop-plein « de lui-même que dans un besoin de persuasion et d'ac- « tion il laissait s'épandre au dehors. « Aimez, mais « aimez d'un amour généreux, donnez à Dieu toutes les « pensées de votre âme, toutes les affections de votre cœur ;

« montez vers lui et montez toujours davantage; Seigneur « Jésus! donnez-moi un amour grandissant. »

« Une confiance naïve et inaltérable envers la divine Pro- « vidence, un amour ardent pour le divin Maître, et sa « dévotion toute filiale envers la très sainte Vierge, voici « les traits distinctifs de sa direction, tous ses moyens « d'action, et la raison de son influence.

« Vous n'avez pas la Foi », disait-il à une personne qui « lui faisait la confidence de ses doutes et de ses anxiétés : « abandonnez-vous donc à la divine Providence; faites cet « abandon généreux, absolu, et demeurez en paix. Une « longue expérience et ma vie tout entière m'autorisent à « vous parler ainsi; toujours mon courage et ma confiance « furent à la hauteur de mes espérances; je n'ai jamais été « déçu. » Courage! Confiance! cette chère devise qu'il « avait faite sienne il l'affirmait à tous avec une autorité « persuasive.

« Une seule issue pour nous, le Ciel ou l'Enfer : il im- « porte de bien choisir. Si le but est le même, les moyens « sont multiples; cherchez avant toutes choses la volonté « du bon Dieu, comprenez-la bien et engagez-vous résolu- « ment dans la voie qu'il vous a tracée et qui est celle dans « laquelle il veut être servi. Courage! les difficultés, qui « n'en n'a pas? Pour moi je les aime, je me sens davantage « dans la main du bon Dieu. Confiance! songez donc que « pas un cheveu de votre tête ne tombera sans la permission « de sa chère Providence. « Du respect humain, n'en ayez « jamais; souvenez-vous que Notre-Seigneur rougira de « ceux qui l'auront désavoué sur la terre. « — Aimez-vous « Jésus-Christ? — Plus que tout au monde. Son nom seul

« suffit à me retourner le cœur. — J'aime çà, déclarait-il, « sous l'empire d'une émotion puissante. — Êtes-vous « uniquement, absolument à Lui ? — Oui, de toute mon « âme. — Quoi qu'il arrive, c'est là l'essentiel, je suis tran- « quille. »

« Oui, les affections légitimes sont permises ; nous ne « sommes pas de marbre en ce monde, notre cœur peut « s'attacher à ce qui nous entoure et notre pensée se com- « plaire dans le dédommagement du souvenir. Pour ma « part, dès que j'ouvre les yeux, après une élévation à Dieu, « ma pensée va de suite vers mes montagnes : il faut que « je sois bien malade pour qu'il en soit autrement. »

« Le monde, ses plaisirs, bagatelles que tout cela. Il en « est, disait-il avec surprise, il en est qui, paraît-il, ne peu- « vent pas s'en passer. Pourtant n'exagérez rien, pliez-vous « aux exigences d'une situation, comptez avec des diffi- « cultés de famille, allez-y, voyez, mais ne regardez pas. « Dites : Mon Dieu ! vous qui sondez les cœurs, vous « savez bien que le mien est à vous. « Ne vous singula- « risez pas mais ne soyez pas en reste. Imposez-vous dans « le secret des mortifications qui répétées deviennent péni- « bles à la nature. » A une âme que cette idée de sacrifice « effrayait un peu, il exposait simplement ses victoires per- « sonnelles et sa façon de faire pour n'être vu que de Dieu « seul. De cet échange de confidences réciproques naissait « une confiance dont la force se faisait invincible sous le « regard de Dieu.

« La miséricorde divine, c'était là son thème favori ; il « puisait dans le trésor de sa foi des raisons péremptoires « qui apaisaient les scrupules et défendaient les retours en « arrière.

« La communion fréquente il l'autorisait toujours et la « recommandait. Un jour il fut heureux d'apprendre qu'il « avait été donné à une âme à laquelle il s'intéressait, de « s'approcher plus souvent de la Sainte Table, et, se tour- « nant vers celle qui venait de lui raconter ses joies : « N'est-ce pas, vous n'en faites pas mystère, votre bon- « heur n'est pas égoïste, je puis dire que vous me rendez « heureux ? » « Non, votre action de grâces ne sera jamais « trop familière et trop intime; si le bon Dieu est le « maître n'est-il pas le meilleur et le plus doux des « amis; avancez-vous avec confiance, recevez-le avec « amour. »

« Les tendances à une vie plus parfaite l'ont toujours « trouvé très circonspect et très prudent. Il étudiait lon- « guement une vocation, demandait à y réfléchir sérieuse- « ment devant Dieu et interdisait dès le début tout enga- « gement moral que dans la scrupuleuse honnêteté de sa « conscience il aurait considéré comme formel et irrévocable.

« A moins d'un appel dont j'attends des preuves convain- « cantes, je persiste à vous voir dans le monde. Votre salut « ne me paraît pas en danger : je pousserais au couvent « une âme chancelante qui me donnerait lieu de craindre ; « celles dont je réponds, je voudrais les voir mères de « famille, et mères de famille chrétiennes. Quoi de plus beau « que d'aider le bon Dieu dans son œuvre, mettre au monde « une de ses créatures et la lui présenter au baptême ? L'in- « fluence à exercer autour de soi peut être si grande ; c'est là « un apostolat qui a lui aussi ses mérites et ses gloires. « Sou- « venez-vous, disait-il à une jeune fiancée, souvenez-vous « que le bon Dieu vous confie une âme. Votre union ne

« doit pas être seulement terrestre mais éternelle. » Il « n'était pas dans ses idées de forcer les choses. « Pour « vous, ma chère enfant, cette communion de demain doit « être la meilleure de votre vie. Si votre fiancé s'agenouille « à vos côtés, soyez pleinement heureuse : pourtant ne « demandez rien ; il faut aller au bon Dieu de soi-même et « de bon cœur. Sachez donc attendre, mais arrivez à votre « fin par la persuasion de votre conduite, par vos prières « et vos efforts de tous les jours.

« Une vocation se dessinait-elle nettement, M. le Curé, « toute sa prudence épuisée, en était franchement joyeux. « Un jour il fut tout étonné de surprendre un gros chagrin « chez une de ses enfants de prédilection. « Votre amie « vous quitte pour le bon Dieu et vous la pleurez ? mais elle « est au port : quel sort plus digne d'envie que le sien ? « N'a-t-elle pas choisi la meilleure part ? » Le rayonnement « de son regard reflétait l'approbation de son cœur.

« M. l'abbé Castelnau eut vraiment le culte particulier de « la sainte Vierge. Il aimait à rappeler les grâces nom- « breuses dont elle s'était plu à le combler. « La dévotion « à la sainte Vierge, tout est là ; c'est un gage de prédesti- « nation », assurait-il. « L'aimez-vous assez ? vous persua- « dez-vous bien de la protection toute puissante de votre « mère du Ciel ? Demandez tout par son intercession. Je vous « recommande le chapelet, » il y revenait sans cesse, ne « craignait point de se répéter et n'était satisfait que lors- « qu'il obtenait une promesse. « Voyez-vous, disait-il avec « cet accent convaincu auquel rien ne résistait, il est impos- « sible qu'à l'heure de la mort la sainte Vierge abandonne « une personne qui tous les jours de sa vie et par dix fois

« lui aura dit : « Priez pour nous maintenant et à l'heure
« de notre mort. »

« On peut bien dire de lui qu'il était prédestiné à être « le curé de cette paroisse où se dresse cette belle statue de « Notre-Dame de la Sainte-Espérance. Combien il aimait à « offrir chaque jour sur son autel le saint sacrifice de la « Messe; c'est à elle qu'il présentait toutes ses demandes, « c'est par elle qu'il espérait tout obtenir. « — Tout ce « dont j'ai besoin, disait-il et redisait-il sans cesse, c'est « à Notre-Dame de la Sainte-Espérance que je le demande « et c'est d'elle que je l'obtiens. »

« Comme celui du divin Maître, son amour allait sur- « tout aux petits enfants. « Leur prière est toute puissante », « affirmait-il ; « dès que j'ai une grâce précieuse à obtenir, « c'est à eux que j'ai recours. » Ainsi, à la requête de M. le « Curé et sous son regard bienveillant, toute la petite « classe se mettait à genoux. Ces tout petits l'appelaient « notre père », car il était bien pour eux le plus tendre des « pères.

« La Première Communion, voilà l'étape bénie où son « cœur de prêtre se reposait et puisait de nouvelles forces « dans les consolations dont il s'inondait. « De la Première « Communion peut dépendre l'Eternité : aussi la Première « Communion fut-elle l'objet de ses préoccupations les « plus vives et de ses soins les plus vigilants. « A nos « enfants, nous donnons le cachet encadré ; il y a les « pitons, il y a même le clou », disait-il avec son bon « sens pratique qui était le fond de sa nature. « Rentrez « chez vous, suspendez ce précieux souvenir, recomman- « dait-il à l'enfant ; promettez-moi de faire cesoir devant

« lui la prière en commun, une prière pas trop longue « surtout si papa doit la faire avec vous. » Une année la « maladie l'empêcha de présider lui-même à cette tou- « chante cérémonie. « Eh bien, mon Dieu, vous exigez ce « sacrifice ; c'est entendu, qu'il n'en soit plus question. » Il « écrivit à ses chers enfants une lettre arrosée de ses larmes « et qui fut lue ce jour-là au milieu d'une émotion souve- « raine. »

« Homme du devoir, M. le Curé était accessible pour « tous, accueillant à tous, à toute heure et à tout moment. « Je suis ici pour être dérangé, disait-il invariablement. « S'agissait-il d'une confession, il y mettait une diligence « extrême et disait avec ce ton de douce plaisanterie qui « lui seyait si bien : « Il ne faut pas laisser le temps de la « réflexion, un bon mouvement doit être accroché au « passage. » Un jour il nous fut donné de le voir, fidèle « à son poste, tout entier aux soins de son ministère, « malgré le chagrin légitime d'un deuil de famille qui lui « fut particulièrement douloureux et dont la date toute « récente rendait la souffrance plus saignante encore. On « lui exprimait ses regrets et ses sympathies. « Elle est « passée par la bonne porte », concluait-il en refoulant « des pleurs qui malgré lui sillonnaient son visage. Prêt à « répondre à tous les appels, il fut sublime d'activité et « de dévouement auprès de tous ceux que son ministère « lui confia. Pénétrait-il auprès d'un mourant, sa physio- « nomie conservait cet air souriant propre à la bonté qui « attire, son regard inquiet cherchait au chevet du lit « l'auxiliaire puissant sur lequel il comptait. Apercevait-il « le cachet de la Première Communion, il le désignait du

« geste. « Vous étiez heureux alors ; qui a changé depuis ? »
« Que d'âmes ainsi ramenées lui doivent aujourd'hui la
« réconciliation et le salut. « Je trouve chez les jeunes gens,
« disait-il, une spontanéité dans le sacrifice et un désin-
« téressement que j'admire ; auprès des gens âgés, ma
« tâche est plus difficile ; plus on a vécu, plus on désire
« vivre. Sur combien de cercueils n'a-t-il pas prié : son
« grand cœur éprouvait une souffrance à toutes les infor-
« tunes et à tous les deuils et Dieu seul sait le nombre
« des âmes blessées et défaillantes dont sa main paternelle
« a relevé le courage. Il disait à une pauvre mère qui
« pleurait son fils unique : « Pleurez-le aux pieds de la
« très sainte Vierge, votre douleur ne lui a pas été épar-
« gnée, mieux que personne elle pourra la comprendre, et
« mieux que tout autre aussi, elle saura l'apaiser. »

« S'il suffit d'un souvenir pour influencer toute une vie,
« ayons la certitude que tous ceux qui ont approché et
« aimé M. l'abbé Castelnau garderont ses enseignements
« et ses recommandations dans leur cœur avec le soin
« jaloux de sa pensée. « Les âmes qui s'aiment en Dieu se
« retrouvent en Lui. » C'est là une de ses dernières pa-
« roles, celle qu'il nous a laissée, comme la plus capable
« d'atténuer notre profonde douleur. Oui, tous ceux sur
« lesquels il a compté seront fidèles et le retrouveront au
« port où il les attend. La protection dont il va du haut
« du ciel couvrir ceux qui le vénéraient sur la terre est pour
« eux un gage assuré de leur éternité bienheureuse. »

Après cette longue citation d'une personne qu'il a dirigée, recueillons avec soin les sages conseils renfermés dans sa correspondance. Nous lisons dans une lettre datée du 12 septembre 1880 : « Chère Madame, je ne puis vous dire combien je suis touché de votre dévouement, il est si grand ! Comme vous j'ai pleine confiance. N'est-ce pas pour la Sainte Vierge que je travaille ? Mais elle tient à notre concours, à notre labeur, à nos sueurs ; je ne dis peut-être pas assez, le sang fut dans tous les temps la semence féconde, je mets tout en ses mains, et ne demande que la gloire de son divin Fils, et le salut des âmes.

... Votre première visite a été pour votre cher mari ; je vous ai accompagnée dans ce pieux pèlerinage... Rien n'égale la force du sentiment chrétien ; pour les époux unis sous l'œil de Dieu, il ne saurait y avoir d'éternelle séparation.

La mort, la cruelle mort peut bien frapper sa victime, mais on s'attend au seuil de l'éternité, on se retrouve au ciel où on s'aime en Dieu sans crainte de séparation cruelle ! Oh ! l'heureux moment où nous retrouverons ceux que nous avons aimés ! Oh ! la douce espérance ! »

Le 30 septembre, à une pénitente qui lui annonce la mort d'une jeune mère :

« Chère Madame, j'étais loin de m'attendre à une pareille nouvelle, lorsque, la semaine dernière, je recevais le billet de faire part de la naissance du cher petit Robert. Pauvre mère ! Dieu ne l'aura retirée, sans doute, de ce monde que pour lui donner place dans son paradis. Ne laissons pas de prier pour elle et pour ses pauvres petits enfants et leur pauvre père. Vos devoirs à leur endroit deviennent plus pressants. Montrez-vous pour eux ce que vous devez être ; les sacrifices que vous saurez vous imposer seront particulièrement agréables à Dieu. »

Il prêche aux autres la résignation, mais lui-même après la mort de son frère, le compagnon fidèle de sa vie, il donne une preuve de son humble soumission à la sainte volonté de Dieu dans une lettre à sa belle-sœur, datée du 18 août 1889.

« Je vais partir en retraite pour la semaine, et de ce que je ne veux pas être le dernier à vous offrir mes souhaits, je vous offre dès aujourd'hui, et vous savez que c'est du meilleur de mon cœur, mes souhaits d'une heureuse et sainte fête. Pendant ma retraite, je prierai pour vous et pour tous ceux qui vous sont chers, pour ceux qui vous entourent ici-bas de leur affection, et pour celui qui vous attend dans une vie meilleure. Pour monter un jour à ses côtés, il ne vous est pas permis d'être une âme vulgaire, et la perfection ne consiste pas à faire des actes héroïques et des miracles, mais à nous conformer à la volonté de Dieu. Tout est là. Je fais toujours, nous dit Notre-Seigneur, la volonté de mon Père. Et sans remonter à cet exemple divin, nous en avons eu sous les yeux un bien propre à nous faire accepter les épreuves avec courage et résignation. Laissez-moi vous répéter ce que je vous ai dit déjà, c'est qu'au milieu de nos épreuves, c'est surtout le sentiment de la reconnaissance qui doit pénétrer notre cœur. Ah ! si tous ceux que j'aime mouraient ainsi, comme je bénirais Dieu ! Sachons donc nous résigner et le remercier. »

Le lecteur en parcourant ces lignes est obligé d'avouer qu'un prêtre qui parle, écrit, pense et agit ainsi, doit être nécessairement un excellent directeur.

CHAPITRE IX

SA MORT

Nous touchons au terme de cette longue et féconde carrière que nous avons suivie pas à pas. En assistant à ses derniers moments, nous constaterons une fois de plus que M. l'abbé Castelnau avait raison de dire : « Telle vie, telle mort; » et avec l'Ecriture : « L'arbre tombe du côté où il penche. » Prêtre pieux et travailleur, il est tombé les armes à la main.

Déjà au mois de décembre 1893, une pneumonie infectieuse l'avait terrassé. En vain les habiles docteurs Voisin et Barth lui avaient prodigué leurs soins et leur dévouement, ils désespéraient de le sauver. Mais Dieu exauça les prières que l'on fit pour obtenir sa guérison, et il put être transporté presque mourant à Bandol sur les bords de la Méditerranée.

Cédant aux instances de ses médecins, il prolongea sa convalescence, revint au mois de septembre 1894, et pour perpétuer le souvenir de sa guérison miraculeuse, il fit placer dans son église un *ex-voto* sur lequel on grava ces mots : « *Contra spem sanatus non moriar sed vivam, et narrabo opera Domini.* »

Il était revenu parmi nous, sauvé par miracle, mais affaibli, vieilli, épuisé. Alors il répétait sans cesse : « La maladie vient à pas de géant et s'en va à pas de tortue. »

Désormais ses retours à la vie devenaient de plus en plus rares ; c'était comme les lueurs passagères d'un flambeau qui pâlit et s'éteint peu à peu.

Cependant il eut encore la satisfaction de chanter à pleine voix dans sa vieille église. Un jour, félicité par Son Eminence de sa voix très puissante et de la vigueur avec laquelle il avait entonné l'*Ave maris stella*, il répondit avec une certaine fierté . « Monseigneur, certes ce n'est pas là la voix d'un poitrinaire. » Il avait alors soixante-dix-sept ans. Tous l'ont remarqué, il chantait très fort, et sa réputation à ce sujet, était méritée. En cela son but était louable, il voulait entraîner les fidèles à le suivre et à chanter tous ensemble les cantiques et les psaumes.

Il eut encore la joie d'achever en partie dans l'église l'ornementation qu'il avait projetée.

Au mois de décembre 1894, pendant la mission qui était prêchée à Saint-Séverin, le bon curé fut nommé chanoine honoraire de Paris. Mgr l'archevêque donnait ainsi à un vieux et fidèle serviteur de l'Eglise le précieux témoignage de son estime, et rendait justice à son grand mérite.

Mais le vénérable vieillard, ébranlé par plusieurs assauts successifs, s'inclinait chaque année davantage. Sa démarche devenait lente, et son pas chancelant. Dans les derniers mois de sa vie, lui qui ne se plaignait jamais, redisait à ses intimes : « Je sens trop que je n'ai plus vingt ans. »

Sa dernière grande fête, ici-bas, fut son jubilé sacerdotal célébré le 22 décembre 1899.

Selon son pieux désir, un riche autel du Sacré-Cœur offert par les paroissiens fut alors bénit par Son Eminence, et doit perpétuer le souvenir de cette belle journée.

Mais les années pesaient de plus en plus sur ses épaules fatiguées. Il voulait, comme les braves, mourir sur la brèche. Ses vœux furent exaucés.

Le dimanche du Bon Pasteur il avait célébré la messe au milieu des pauvres de la Sainte-Famille et avait distribué plus de cent cinquante communions. Epuisé de fatigue, il fut contraint de s'arrêter et de prendre le lit qu'il ne devait plus quitter. Quelques jours après on lui proposa les derniers sacrements qu'il reçut avec sa piété ordinaire. Le vendredi soir, 11 mai, tous ses vicaires lui firent une dernière visite et furent témoins de sa résignation.

Le lendemain à dix heures, il voulut qu'on récitât près de lui les prières des agonisants, demanda par signe son crucifix, le porta à ses lèvres plusieurs fois, tenta un dernier effort pour faire le signe de la croix. Et deux heures après une agonie très douce, il rendait le dernier soupir.

Nous qui l'avons connu longtemps, en assistant à ce spectacle à la fois triste et consolant, nous redisions ces paroles qui lui étaient familières : *Moriatur anima mea morte justorum.* La vie présente est une vie mourante, la vie réelle est celle qui nous attend.

Son âme se révèle tout entière dans les lignes suivantes tracées de sa main pour exprimer ses dernières volontés :

« Dieu le Père qui m'avez créé; Seigneur Jésus qui m'avez racheté au prix de votre sang ; Esprit-Saint, que j'ai tant contristé par mes infidélités, je remets mon âme en vos mains.

J'accepte avec résignation la mort comme une expiation; et pour racheter ce que mon passé laisse tant à désirer.

Je meurs dans la sainte Eglise romaine que j'aurais voulu mieux servir, attaché d'esprit et de cœur à tous ses enseignements.

Je meurs avec l'espérance de ne pas avoir d'ennemi; comme, en ce qui me regarde, je n'ai pas le moindre ressentiment contre personne; mais, si j'avais pu contrister quelqu'un, qu'il daigne me pardonner.

Je meurs avec le regret de n'avoir pas fait à mes bons paroissiens tout le bien qu'un prêtre plus zélé eût fait à ma place. Que je porte seul, Seigneur, le poids de mes infidélités! Ne laissez pas que de les bénir.

Je demande à ce que mon pauvre corps soit mis *immédiatement* dans le cercueil.

Je demande à ce que mes funérailles soient très simples : *Mais je demande des prières.*

Que mes chers vicaires, que mes bons frères, que nos bonnes sœurs, que les personnes auxquelles j'ai pu faire quelque bien ne m'oublient pas devant Dieu. Que l'on fasse prier surtout les enfants et les petits enfants. Ils furent une des grandes préoccupations, comme aussi une des grandes consolations de mon ministère.

Je demande que ma dépouille mortelle soit transportée et ensevelie à Montredon, aux pieds de la statue de Notre-Dame de Bonne-Espérance.

Bonne Vierge, vous savez avec quel bonheur fut inaugurée cette statue dans ce village, où peut-être il eût été plus heureux pour moi de passer ma vie dans le calme et la retraite.

STATUE DE N.-D. DE BONNE ESPÉRANCE

AUX PIEDS DE LAQUELLE REPOSE LE CORPS DE M. L'ABBÉ CASTELNAU

Si je n'[illegible] pu y [illegible] je tiens à y rep[illegible] [illegible] mort, à l'ombre de votr[illegible] [illegible] image :

S[illegible] [illegible] tuam [illegible]

Saint-Se[illegible] [illegible] juillet 1880.
Fête de [illegible]

B. Ca[illegible]

« Prier [illegible] sur mon cercueil [illegible] couronnes. »

Le mardi [illegible] heures, une foule [illegible] se pressait [illegible] à ses funérailles. T[illegible] siens ou amis, ont alors donné des preuves touchantes de leur triste [illegible] et de leurs regrets. Parmi les membres du clergé, venus en grand nombre à ses obsèques, nous avons remarqué S. G. Mgr Larue, Mgr Caron, M. l'Archidiacre de Sainte-[illegible], M. le chanoine Pravaz, MM. les Curés de N[illegible]-Dame, de la Trinité, de Saint-S[illegible], de Saint-Thomas d'Aquin, de Saint-Germain [illegible], de Saint-Germain l'Auxerrois, de Saint-Etienne du Mont, de Notre-Dame des Victoires, de Saint-Ho[illegible] Saint-Merry, de Saint-Jacques du Haut-Pas, de [illegible] de Saint-A[illegible], de Saint-Joseph, de Sain[illegible] Louis, de [illegible]-Laurent, de Saint-Nicolas du [illegible] de Pa[illegible] Saint-Ferdinand des [illegible], de Notre-Dame de la C[illegible] [illegible] avec les [illegible] personne[illegible] [illegible] cette dou[illegible] circonstance [illegible] [illegible]

STATUE DE N.-D. DE BONNE ESPÉRANCE

AUX [illegible] DE LAQUELLE REPOSE LE CORPS DE M. L'ABBÉ CASTELNAU

Si je n'ai pu y vivre, je tiens à y reposer après ma mort, à l'ombre de votre douce image :

Sub umbra alarum tuarum protege me.

Saint-Séverin, ce 2 juillet 1889,
Fête de la Visitation.

B. Castelnau.

« Prière de n'apporter sur mon cercueil ni fleurs ni couronnes. »

Le mardi 15 mai à dix heures, une foule émue et recueillie se pressait pour assister à ses funérailles. Tous, paroissiens ou amis, ont alors donné des preuves touchantes de leur tristesse et de leurs regrets. Parmi les membres du clergé, venus en grand nombre à ses obsèques, nous avons remarqué S. Gr. Mgr Larue, Mgr Caron, M. l'Archidiacre de Sainte-Geneviève, M. le chanoine Pravaz, MM. les Curés de Notre-Dame, de la Trinité, de Saint-Sulpice, de Saint-Thomas d'Aquin, de Saint-Germain des Prés, de Saint-Germain l'Auxerrois, de Saint-Etienne du Mont, de Notre-Dame des Victoires, de Saint-Honoré, de Saint-Merry, de Saint-Jacques du Haut-Pas, de Saint-Michel, de Saint-Ambroise, de Saint-Joseph, de Saint-Paul Saint-Louis, de Saint-Laurent, de Saint-Nicolas du Chardonnet, de Passy, de Saint-Ferdinand des Ternes, de Notre-Dame de la Gare, etc. Ces prêtres avec les *trois mille huit cents* personnes qui assistaient à son service funèbre, ont dans cette douloureuse circonstance donné à M. Castelnau un éclatant témoignage de leur sympathie et de leur vénération.

Lecteur attentif et pieux qui avez parcouru ces lignes écrites à la hâte, en priant à son intention vous penserez à réaliser le vœu formulé par notre cher défunt.

Pour lui encore cette devise de l'Ecriture est vraie : *Defunctus adhuc loquitur*.

Mort, il parle encore.

Il parle par ses œuvres, il parle par ses exemples, il parle par ses conseils, il parle par sa vie faite de dévouement, de prière et de sacrifice.

Ce modeste volume, que je dépose sur sa tombe en signe de filiale affection, sera comme l'écho de ses salutaires enseignements.

Puisse-t-il perpétuer dans le cœur de ceux qui l'ont connu, estimé et aimé, le pieux souvenir d'un prêtre qui, à l'exemple du Maître, « est passé en faisant le bien ».

A. G.

PARIS
IMPRIMERIE GUSTAVE PICQUOIN
53, Rue de Lille

DU MÊME AUTEUR

Avec le concours, pour les gravures, de M. l'abbé PERRAUD second vicaire de Saint-Séverin.

NOTICE historique et descriptive sur l'église SAINT-SÉVERIN, à Paris. — Ouvrage orné de 23 photogravures.

En vente chez Paul CHERONNET, libraire, 19, rue des Grands-Augustins, Paris

www.ingramcontent.com/pod-product-compliance
Lightning Source LLC
LaVergne TN
LVHW020352230826
846091LV00003B/1075

* 9 7 8 2 0 1 3 6 8 6 2 0 4 *